JN041146

日常英会話パーフェクトブック

THE PERFECT BOOK OF
DAILY ENGLISH CONVERSATION

石津奈々
ISHIZU NANA

はじめに

「みなさん、『英語を勉強したいです』と英語で言いたいとき、まず、どうしますか。私なら辞書や英会話の本を調べます…」

これは私が2001年、本書の元となっている、『日常英会話パーフェクトブック』のオープニングに書いた文章です。時は流れ、2023年の今、上記の文の英訳を知りたいとき、私たちはインターネットや、便利な翻訳ツールを使って、瞬時にそれを調べることができます。時代が変わったことで、すべてが大きく変わったように感じますが、変わらないこともあります。それは「英語ではこう言うんだ！」とわかったときの喜びです。知っている表現が、ひとつ、またひとつと増えていくとワクワクし、ときめきを覚えます。

本書は、表現と出会う喜びを感じていただけるよう、日常生活の中で自然に生まれる会話に焦点を当てたフレーズで構成されています。それぞれのフレーズはシンプルで短く、覚えやすいです。そして、フレーズの丸暗記にとどまらず、自分で文章を作りたいと思ったときに応用がきくよう、フレーズを可能な限り「文法的統一感」をもってトピックベースにカテゴライズし、要所要所にコンパクトな「文法解説＋文章のパターン」を記しました。

本書では3つの楽しみ方ができます。

1. フレーズをそのまま活用して話す（表現する）
2.「文法解説＋文章のパターン」に沿って自分で文章を作る（創作する）
3. 自分にはなじみのうすい習慣・行動でも、よく聞く・目にする英語表現を知る（発見する）

ぜひ、「本書について」と「音声の活用法」（p.4）を参考に、そのときの状況や、自分の好み・ニーズに応じて、無理のないやり方で楽しく英語に接していってください。

本書の執筆にあたり、多くの方々にお世話になりました。英文をチェックしてくださった吉田藺子さん。内容を丁寧に見てくださった校正者の余田志保さん。美しいナレーションで、言葉に命を吹き込んでくださったナレーターのRachel Walzerさんと藤村由紀子さん。そして編集担当の新谷友佳子さん。この場を借りて心よりお礼申し上げます。どうもありがとうございました。

あらゆるスタイルで人とつながることができる時代、本書が生き生きとした自己表現とコミュニケーションの一助となれば幸いです。

冒頭の文：
「英語を勉強したいです」 → “I want to study English!”

一緒にがんばりましょう。

石津奈々

「本書について」と「音声の活用法」

本書には、基礎編・発展編・実践編の3つの柱があり、扱われている文法は中学校で学ぶ内容を中心としています。
【基礎編】では、英語の基礎となる「時制」にフォーカスし、be動詞・一般動詞・現在形・過去形・未来形について整理しながら、自己紹介や日常生活にまつわる表現を学んでいきます。
【発展編】では、like（好き）・want（ほしい）・can（できる）を使った言い回しや、現在完了形を使って「経験」について話すなど、表現の幅を広げていきます。
さらに【実践編】では、SNS・買い物・食事など、実際の場面ですぐに使えるフレーズをチョイスし、シーン別にまとめました。

そして本書には3パターンの音声が用意されています。それらを最大限に活用して、英語を身につけ、スピーキング力を高めましょう。表現の習得には［音読］が効果的です。

1「日本語＋英語」

Total 約7時間17分

日本語と英語を両方読み上げてくれるので、英語初心者や本書の内容に慣れるまではこちらの音声がおすすめです。電車の中など、本を広げられない環境でも気軽に学習することができます。

2「英語のみ」

Total 約3時間46分

英語を浴びるように聞くことで英語耳を作ることができます。また、英語音声と同時に英語を読んだり話したりする「オーバーラッピング」にも最適なので、スピーキングのトレーニングにも活用できます。

3「英語＋繰り返しポーズ」

Total 約6時間05分

スピーキングの練習に最も効果的な音声パターンです。まずは、テキストを見ながら音声に続いて音読しましょう。慣れてきたら、テキストを見ないで英文を言います。「聞くこと」と「話すこと」に集中し、練習を繰り返すことで、フレーズが浸透し、どんどん自分のものになっていきます。

これらの活用法はあくまでも一例です。型にとらわれず、ご自身にとって心地よく自由なやり方で学習に取り組まれてくださいね。Good luck!

CONTENTS

発展 04
能力と特技
Abilities and capabilities

発展 05
希望と願望
Wishes and desires

発展 06
誘う・提案する
Invitations and making suggestions

発展 07
何かを頼む・許可する・禁止する
Requesting, permitting, prohibiting

発展 08
感情を表現する
Describing your emotions and mental state

発展 09

悩みを相談する・励ます・アドバイスをする

Talking about your troubles, encouraging, giving advice

発展 10

感想・意見を述べる

Comments and opinions

発展 11

経験についてたずねる・話す

Asking and talking about experiences

実践編

実践 01

パソコン・スマートフォンの操作について話す

Using a computer and smartphone

実践 02

SNS・コミュニケーションツールについて

Social media and communication tools

実践 03

位置と道案内
Locations and directions

実践 04

買い物をする
Shopping

実践 05

食事をする・食べ物の描写
Going to restaurants and commenting on food

実践 06

電話の会話
Telephone conversation

＊本書では自然な日本語の会話表現を心がけ、トピック・項目、並びに前述の流れから主語が伝わるフレーズについては、日本語訳の主語を省略しています。

＊また、コミュニケーションアプリであるLINEについては、LINEが一般的でない国や地域では伝わらない可能性があるので、本書ではスマホなどでメッセージをやりとりすることをtextという単語を使って表現しています（→ p375）。

THE PERFECT BOOK OF
DAILY ENGLISH CONVERSATION

基礎編

基礎 01

あいさつと簡単なやりとり

Greetings and small talk

ポイント

会話のスタートは笑顔と元気なあいさつから。あいさつのフレーズはそのまま覚えて、アイコンタクトをしながら表情豊かに話しましょう。

朝から晩までのあいさつ

▶ Track 001

おはようございます。	Good morning.
こんにちは。 (午後に使われるあいさつとして)	Good afternoon.
こんばんは。	Good evening.
おやすみなさい。	Good night.

人に会ったときのあいさつ

▶ Track 002

こんにちは!	Hello!
どうも、こんにちは!	Hi, there!
久しぶり!	Long time no see!
ごぶさたしています。	It's been a while.
会うのは1年ぶりですね。	It's been a year since we last met.

こんなところで会うなんて奇遇ですね!	What a surprise to meet you here!
会えて嬉しいです。	It's good to see you. / Good to see you.

相手についてコメントする

▶ Track 003

とても元気そう!	Looking great!
髪、切った?	Did you get a haircut?
よく似合っています。	It looks good on you.
そのバッグ / 靴、いいですね。	I like your bag/shoes.
変わらないですね。	You haven't changed.
いつもおしゃれですね。	You always look so fashionable.

※「お元気そう」と言われたり、ほめられたら、"Thank you."「ありがとう」と応じましょう。「あなたのほうこそ!」と言うときは"You, too!" になります。

調子や近況をたずねる・答える

基本パターン

Q How are you?	お元気ですか。
A I am fine.	元気です。

ポイント

1 「お元気ですか」「調子はどうですか」とたずねるときは、Howを使います。英語で日本語の「～です」の働きをするものがam, are, isなどのbe動詞です。be動詞は以下のように活用します。会話では「主語＋be動詞」の短縮形がよく用いられます。

Q：How	am	I?	「私の調子?」
	are	you?	「あなたの調子は?」
		we?	「私たちの調子?」
		they?	「彼らの調子は?」
	is	he/she/it?	「彼・彼女・その調子は?」

A：

（私）	I	am	fine.
	(I am = I'm)		
（あなた・あなたたち）	You	are	fine.
	(You are = You're)		
（彼・彼女・それ）	He/She/It	is	fine.
	(He/She/It is = He's/She's/It's)		
（私たち）	We	are	fine.
	(We are = We're)		
（彼ら・彼女たち・それら）	They	are	fine.
	(They are = They're)		

2 日本語では主語がしばしば省略されますが、英語では主語が必要です。「あなた・彼・彼女・彼ら」などの代名詞は日本語より使用頻度が高いです。前述の言葉を受けて、"How is your father?"「お父さんはお元気ですか」"He is fine."「彼（父）は元気です」のように用いられます。Itは仕事や物事全般など、人物以外のものに対して使う代名詞です（複数はThey）。簡単なやりとりの場合、"Fine." "All right." "Good."のように短く答えることも多いです。

3 近況をたずねられて、同じ質問を相手にしたいときは “How about you?” を使いましょう。

相手や相手の家族が元気かをたずねる

▶ Track 004

お元気ですか。	How are you?
調子はどうですか。	How are you doing?
最近どうしていましたか。	How have you been?
ご家族はお元気ですか。	How is your family?
ご両親はお元気ですか。	How are your parents?
お父さん/お母さんはお元気ですか。	How is your father/mother?
ご主人/奥さんはお元気ですか。	How is your husband/wife?
息子さん/娘さんはお元気ですか。	How is your son/daughter?

物事が順調か・変わりがないかをたずねる

▶ Track 005

調子はどうですか。	How is everything?
学校はどうですか。	How is school?
仕事は順調ですか。	How is work going?
身体の調子はどうですか。	How is your health?
何かあった?	What's happening? / What's up?
何か変わったことあった?	What's new? / Anything new?

※ 特に変わりがないときは、“Not much.” “Nothing much.” で答えます。

最近の調子について答える

▶ Track 006

基本パターン

I'm doing fine.	元気にやっています。
Work is going well.	仕事は順調です。
I'm busy with work.	仕事で忙しいです。

ポイント

1 「元気にやっています」の基本表現は "人＋be動詞＋doing fine." です。

I'm doing fine.　「私は元気にやっています」
My mother is doing fine.　「母は元気にやっています」

2 「(物事が) うまくいっています・順調です」と伝えたいときは "It's/They're going well." を使います。具体的に、"Work is going well."「仕事は順調です」、"Things are going well."「物事はうまくいっています」のように言うこともできます。

3 「〜が忙しい」の基本表現は "I'm busy with＋名詞" を使います。

4 「まあまあです」を表す "So-so." はどちらかというとネガティブなニュアンスがありますので、ニュートラルな状態を伝えたいときは、"Okay." を使いましょう。

好調です

おかげさまで元気です。	I'm fine, thank you.
元気です。	I'm good.
元気にやっています。	I'm doing fine.

調子はいいです。	I'm doing well.
好調です。	Pretty good. / All right.
絶好調です!	Great! / Wonderful!
順風満帆です。	Couldn't be better.
物事は順調です。	Things are going well.
仕事は順調です。	Work is going well.
学校は楽しいです。	School is fun.

忙しいです

忙しくしています。	I'm keeping busy.
忙しいけれど元気です。	Busy, but fine.
仕事で忙しいです。	I'm busy with my work.
学校の勉強で忙しいです。	I'm busy with schoolwork.
部活が忙しいです。	I'm busy with club activities.
塾で忙しいです。	I'm busy with cram school.

ふつうです

まあまあです。	So-so.
まずまずです。	Okay.
悪くないです。	Not bad.
相変わらずです。	Same as usual.
特に不満はないです。	Can't complain.

特に変わりはありません。	Nothing much. / Not much. ※ "What's new?" "What's up?" "What's happening?"などの質問に対して。

不調です

よくありません。	Not good.
パッとしません。	Not so great.
よくはないです。	It could be better. / Could be better.
けっこう厳しいです。	Things are tough.
最悪です。	Terrible. / Awful.

家族の調子を伝える

両親は元気です。	My parents are fine.
父 / 母は元気です。	My father/mother is fine.
夫 / 妻は元気でやっています。	My husband/wife is doing fine.
息子 / 娘は元気です。	My son/daughter is fine.
子供たちは元気でやっています。	The kids are doing fine.
みんなそれぞれ元気です。	Everyone is fine.
母の具合が悪いです。	My mother isn't well.
父が入院しています。	My father is in the hospital.

相手の近況を聞いたら

▶ Track 007

「元気です」に対して

よかったです。	That's good.
それはなによりです。	I'm happy/glad to hear that.
あなたがお元気そうでよかったです。	Good/Happy to know you are doing fine.
みなさんがお元気と知り、よかったです。	Glad to know everyone is doing fine.

不調の原因をたずねる

どうして?	Why?
どうしましたか?	What's the matter?
何があったの?	What happened?
どうかしたの?	What's wrong?
何を悩んでいるの?	What's bothering you?
話したかったら聞きますよ。	Do you want to talk about it?

不調の原因を簡単に説明する

▶ Track 008

※ 悩みごとの詳しい言い方と励まし方は「悩みを相談する・励ます・アドバイスをする」の章(p.309)を参照。

疲れているだけです。	I'm just tired.
疲れきっています。	I'm exhausted.
ストレスがたまっています。	I'm stressed out.

仕事がたいへんです。	Work is hard.
心配ごとが多くて。	I have a lot to think about.
最近、いろいろあって。	A lot has happened recently.
最近、体調がすぐれなくて。	I haven't been feeling well lately.

基本的な励まし

Track 009

お気の毒に。	I'm sorry to hear that.
たいへんですね。	That must be hard for you.
元気を出してください。	Please cheer up.
解決するといいですね。	I hope things will work out (for you).
早く元気になるといいですね。	I hope you feel better soon.
早く治るといいですね。	I hope you get well soon.
私にできることがあったら、遠慮なく言ってください。	If there is anything I can do for you, please feel free to talk to me.

別れのあいさつ

Track 010

基本のあいさつ

さようなら。	Good-bye.
バイバイ。	Bye-bye. / Bye.
それではまた。	See you (later).

お疲れさまでした。（いい仕事をしましたね）	Good job. / Good work.
お元気で。	Take care.
会えて嬉しかったです。	It was good to see you.
近いうちにまた会えるといいですね。	Hope to see you again soon.
またみんなで集まりましょう。	Let's get together again.
がんばってね。	Good luck.
お仕事がんばってください。	Good luck with your work.
勉強がんばってね。	Good luck with your studies.
よい1日を。	Have a nice day.
よい週末を。	Have a nice weekend.

次回会うときや場所について

また、明日。	See you tomorrow.
また、来週。	See you next week.
それでは土曜日に。	See you on Saturday. / See you Saturday.
それでは7時半に。	See you at 7:30.
それでは向こうで会いましょう。	See you there.
それではまた後ほど。（電話などで）	Talk to you again.

基礎 02

自己紹介をする

Self-introduction

初対面のときのあいさつ

▶ Track 011

はじめまして。	How do you do?
お会いできて嬉しいです。	Nice to meet you. / I'm happy to meet you.
ようやくお会いできてたいへん嬉しく思っています。	It's a pleasure to have finally met you.
お会いできて光栄です。	It's an honor to meet you.
会えるのを楽しみにしていました。	I have been looking forward to meeting you.
お噂はかねがねうかがっていました。	I have heard so much about you.
こんにちは。美奈さんですね。	Hello. You must be Mina.
オンラインでは何度かお会いしていますが、直接お会いするのは初めてですね。	We've met several times online, but this is the first time we meet in-person.
私こそお会いできて嬉しいです。	Nice to meet you, too.

初対面の人と別れるとき

▶ Track 012

お会いできてよかったです。	It was nice meeting you.
お話しできて楽しかったです。	It was nice talking to you.

とても楽しくお話しできました。	I really enjoyed talking to you.
また会えるといいですね。	Hope to see you again.
また会いましょう。	Let's meet again.
これからも連絡を取り合いましょう。	Let's keep in touch. / Keep in touch.

自己紹介をする

▶ Track 013

基本パターン

My name is Tomomi Yamada.	私の名前は山田朋美です。
I'm a company worker. (I am = I'm)	私は会社員です。
I live in Tokyo.	東京に住んでいます。
I work for ABC Company.	ABC に勤めています。
I'm in the computer business.	コンピューター業界で働いています。

ポイント

1 自己紹介では一般的に自分の職業・家族・趣味などが話題となります。「私は〜です」と、自分の職業や立場を言うときは "I am (=I'm) + 職業(会社員・学生など)" のかたちを使います。「私は日本人です」は、"I'm Japanese." になります。

2 「〜に住んでいる」や「〜に勤めている」などの動詞は、通常、現在形を使います。

3 「〜出身です」は "I'm from + 地名"、「〜に住んでいます」は "I live in + 地名" になります。

4 会社名を言うときは、"I work for + 会社名"、職種について話すときは "I'm in the + 業界名" になります。

姓名

自己紹介をさせてください。	Let me introduce myself.
私の名前は山田朋美です。	My name is Tomomi Yamada.
姓が山田で、名が朋美です。	My last name is Yamada, and my first name is Tomomi.
朋美と呼んでください。	Please call me Tomomi.
周りからは「とも」と呼ばれています。	People call me Tomo.

誕生日

私の誕生日は9月30日です。	My birthday is September 30th.
私は30歳です。	I'm 30 years old.

住所・電話番号・出身地

私は東京に住んでいます。	I live in Tokyo.
住所は東京都港区赤坂3-5-7です。	My address is 3-5-7 Akasaka, Minato Ward, Tokyo. ※(-)はdash(ダッシュ)と読みます。
自宅の電話番号は03-5555-××××です。	My home telephone number is 03-5555-xxxx.
携帯電話番号は090-3456-××××です。	My cell phone number is 090-3456-xxxx.
私は横浜出身です。	I'm from Yokohama.
私は家族と住んでいます。	I live with my family.
1人で住んでいます。	I live alone.

一戸建てに住んでいます。	I live in a house.
アパートに住んでいます。	I live in an apartment. ※apartment（米）は小規模のアパートから高級マンションまでの意味を含みます。（英）はflatを使います。
マンションに住んでいます。	I live in a condominium. ※condominiumは「分譲マンション」の意。
両親/義理の両親と2世帯住宅に住んでいます。	I live with my parents/in-laws in a house built for two households.
シェアハウスに住んでいます。	I live in a shared house/residence.
友達とルームシェアをしています。	I share a room with a friend.
社員寮に住んでいます。	I live in a company dorm.

職業

私は会社員です。	I'm an office worker. / I'm a company worker. ※ サラリーマンは和製英語ですので使わないようにしましょう。
私は正社員です。	I work full-time. / I'm a full-time employee.
私はパート（アルバイト）をしています。	I work part-time. / I have a part-time job.
私はフリーランスで働いています。	I work freelance.
私は契約社員です。	I work on a contract basis.
ABCに勤めています。	I work for ABC.

ABCの子会社に勤めています。	I work for a subsidiary of ABC.
ABCの関連会社に勤めています。	I work for an affiliate of ABC.
派遣社員としてABCで働いています。	I'm a temporary worker at ABC.
コンピューター業界で働いています。	I'm in the computer business.
WEB制作会社に勤めています。	I work for a web production company.
自営業です。	I'm self-employed.
レストランを経営しています。	I run a restaurant. ※runは「運営・経営する」の意。
在宅で仕事をしています。	I work from home.
京都に単身赴任をしています。	I work alone in Kyoto apart from my family.
時短勤務です。	I have shorter working hours.
シフト勤務です。	I work in shifts.
フレックスタイム制です。	I have flextime.
週3日勤務です。	I work 3 days a week.
主婦(夫)です。	I'm a homemaker.
退職しています。	I'm retired.

仕事内容

事務仕事をしています。	I do office work.
営業(販売促進業務)をしています。	I do sales and promotional work.

経理をしています。	I do accounting.
SNSを担当しています。	I'm in charge of social media.

学校

※「大学受験の準備中」や「就職活動中」など、現在進行形を使って職業や状況を説明する表現は「進行中の行動・状態を説明する」の章（p.138）を参照。

ポイント

1 「私は学生です」は "I'm a student." と言います。学年を言うとき、アメリカでは一般的に "I'm in the～grade." を使います。学校のシステムにもよりますが、中学生は、小学6年生の延長として、中学1年：7th grade、中学2年：8th grade、中学3年：9th gradeと言います。

2 高校は中学校からの継続としてとらえ、高校1年生から3年生までを、"10th grade" "11th grade" "12th grade" と言います。

3 また、アメリカの4年制の高校では9年生からを高校生として扱い、中3：freshman、高1：sophomore、高2：junior、高3：seniorという言い方もあります。この表現は4年制の大学の学年を言うときにも使えます。

4 collegeは「（一般に）大学」を表すと同時に「単科大学」を、universityは「総合大学」を意味します。イギリスではcollegeは「専門学校や私立高校」を表します。

私は学生です。	I'm a student.
私は中学生です。	I'm a junior high school student.

私は高校生です。	I'm a high school student.
私は大学生です。	I'm a college student.
中学２年生です。	I'm in the 8th grade.
高校３年生です。	I'm in the 12th grade. / I'm a senior in high school.
大学１年です。	I'm a freshman in college.
ABC中学に通っています。	I go to ABC Junior High School.
ABC高校に通っています。	I go to ABC High School.
ABC大学に通っています。	I go to ABC University.
短大に通っています。	I go to junior college.
大学院に通っています。	I go to graduate school.
共学に通っています。	I go to a coed school. ※coedはcoeducationalの略。
男子校に通っています。	I go to a boys' school.
女子校に通っています。	I go to a girls' school.
私立に通っています。	I go to a private school.
公立に通っています。	I go to a public school. ※イギリスでは「中高一貫の私立学校」の意。
専門学校に通っています。	I go to a technical/vocational school.
私は文系出身です。	I have a background in liberal arts.
私は理系（化学など）出身です。	I have a background in science.

私は理系（エンジニアリングなど）出身です。	I have a technical background.

家族構成

父、母、兄と私の４人家族です。	There are four in my family; my father, my mother, one older brother, and me.
３人兄弟 / 姉妹です。（妹が１人と兄が１人）	I have one younger sister and one older brother. ※自分を含めた「〜人兄弟」という言い方は英語にはないので、具体的に兄、姉、弟、妹が何人いるのか言いましょう。
私には兄が２人います。	I have two older brothers.
私には姉が１人、弟が１人います。	I have one older sister and one younger brother.
私は一人っ子です。	I'm an only child.
私は長男 / 長女です。	I'm the oldest son/daughter.
私は末っ子（一番下の息子 / 娘）です。	I'm the youngest son/daughter.
私は真ん中の子です。	I'm the middle child.

配偶者・子供の有無

私は独身です。	I'm single.
私は結婚しています。	I'm married.
夫 / 妻とは別居しています。	I'm separated from my husband/wife.
私は離婚しています。	I'm divorced.

私はシングルマザーです。	I'm a single mother.
私には息子が１人と娘が１人います。	I have a son and a daughter.
夫/妻は２年前に他界しました。	My husband/wife passed away 2 years ago.
私は再婚しています。	I'm remarried.
これが２度目の結婚です。	This is my second marriage.

趣味

※ 趣味に関する詳しい言い方は「好きなこと・嫌いなことについて話す」の章（p.218）を参照。

私の趣味は読書と音楽鑑賞です。	My hobbies are reading and listening to music.
私は散歩が好きです。	I like taking walks.
暇さえあれば身体を動かします。	I exercise whenever I have time.
時間があるときは、よく映画を見に行きます。	In my spare time, I often go to the movies.
特に趣味はありませんが、家でゲームをすることが好きです。	I don't have any particular hobbies, but I like playing video games at home.

「はい」「いいえ」で答えられる簡単な質問

▶ Track 014

基本パターン

Are you a student? 学生ですか。

Yes, I am. はい、そうです。

No, I'm not. I'm working. いいえ、違います。働いています。

Do you have any brothers or sisters?
ご兄弟・姉妹はいらっしゃいますか。

Yes, I do. I have one younger sister.
はい、います。妹が 1 人います。

No, I don't. I'm an only child.
いいえ、いません。私は一人っ子です。

ポイント

1 「あなたは～ですか」とたずねたいときは、be動詞を文頭に持ってきて "Are you～?"のかたちを作ります。"Are you～?"とたずねられた場合の「はい」「いいえ」の短い答え方は次のようになります。

Yes, I am. 「はい、そうです」
No, I'm not. 「いいえ、違います」

2 「あなたは～にお住まいですか」「あなたは～にお勤めですか」といった動詞を用いた疑問文は、Doを文頭に持ってきて、"Do you＋動詞?"のかたちを作ります。そのときの、「はい」「いいえ」の短い答え方は次のようになります。

Yes, I do. 「はい、そうです」
No, I don't. 「いいえ、違います」

3 質問によっては、いきなりたずねると失礼になる場合がありますので、聞いてもいいか迷ったときは、"Can I ask you a personal question?"「個人的なことをお聞きしてもよろしいですか」と確認してからたずねるようにしましょう。

ご出身は神戸ですか。	Are you from Kobe?
お仕事はされているのですか。	Are you working?
結婚されていますか。	Are you married?
独身ですか。	Are you single?
付き合っている人はいますか。	Are you seeing anyone?
東京にお住まいですか。	Do you live in Tokyo?
在宅でお仕事をされていますか。	Do you work from your home?
ご両親とお住まいですか。	Do you live with your parents?
お1人でお住まいですか。	Do you live alone?
お子さんはいらっしゃいますか。	Do you have children?

相手について質問する

▶ Track **015**

基本パターン

What	is your name?	お名前は何ですか。
Where	do you live?	どちらにお住まいですか。
When	is your birthday?	お誕生日はいつですか。
Who	do you work for?	どちらにお勤めですか。
How old	are you?	おいくつですか。

ポイント

1 相手についてたずねたいときは、疑問詞と呼ばれるWhat（何）、Where（どこ）、When（いつ）、Who（誰・どちら）を使います。疑問詞は文頭にきます。

2 自分のことをたずねられて相手にも同じ質問をしたいときは、"How about you?"を使いましょう。

3 連絡先をたずねる表現については「誘う・提案する」の章（p.266）、並びに「SNS・コミュニケーションツールについて」の章（p.375）を参照してください。

お名前は何ですか。	What's your name?
どちらにお住まいですか。	Where do you live?
ご住所は何ですか。	What's your address?
ご自宅の電話番号は何番ですか。	What's your home telephone number?
携帯電話番号は何番ですか。	What's your cell phone number?
ご出身はどちらですか。	Where are you from?
お仕事は何をなさっているのですか。	What do you do?
どちらにお勤めですか。	Where do you work? / Who do you work for?
どのようなお仕事をなさっているのですか。	What kind of work do you do?
学校はどちらですか。	What school do you go to?
お誕生日はいつですか。	When is your birthday?

趣味は何ですか。	What's your hobby?
余暇はどのように過ごしますか。	What do you do in your spare time?
おいくつですか。	How old are you? ※相手にいきなり年齢をたずねるのは失礼になりますので、状況に応じて気をつけましょう。

外国人への基本的な質問

▶ Track 016

日本は初めてですか。	Is this your first time to Japan?
こちらには仕事で来ましたか。遊びで来ましたか。	Are you here on business or pleasure?
日本に来たのはなぜですか。	What brought you to Japan?
日本の印象はどうですか。	What's your impression of Japan?
日本食は好きですか。	Do you like Japanese food?
日本でこれまでにどこへ行きましたか。	Where have you been in Japan? / What places have you visited in Japan?
日本にはいつまで滞在なさいますか。	How long are you staying in Japan?

相手の言ったことが聞きとれなかった場合

▶ Track 017

失礼?	Excuse me?
今なんて?	What was that?

ごめんなさい。聞きとれませんでした。	Sorry, I missed that.
もう1度言っていただけませんか。	Could you say that again?
すみません。もう1度名字/名前を言っていただけませんか。	I'm sorry, could you repeat your last/first name?
もう少しゆっくり話していただけませんか。	Could you speak more slowly?
もう少し大きな声で話していただけませんか。	Could you speak louder?

基本的なあいづち表現

▶ Track 018

ポイント

1 相手に何か言われても、あいづちの仕方がわからなくて無言になってしまうことがよくあります。以下のフレーズは短くて簡単ですので、そのまま覚えて使いましょう。相手の話に興味を持っているという姿勢と、リアクションを示すことで会話が発展していきます。

2 この他のあいづち表現は「感情を表現する」の章（p.295, 300, 306）を、「感想」や「同意や反対」を示す表現は「感想・意見を述べる」の章（p.339）を参照してください。

なるほど。	I see.
そうなのですか。	Is that so?
本当?	Really?
よかったですね。	That's good.

それはおもしろいですね。 （「興味深い」という意味合いで）	That's interesting.
それはおもしろそうですね。	That sounds interesting.
それは素晴らしいですね。	That's wonderful. / That's great.
たいへんなお仕事ですね。	That must be hard work.
そのとおりです。	That's right. / That's true.

職業のリスト

「私は～です」 "I am a/an～."

学生	student
主婦（夫）	homemaker
会社員	office/company worker
公務員	government employee
教師	teacher
介護士	caregiver
カウンセラー	counselor
医者	doctor
看護師	nurse
弁護士	lawyer
コック	cook
銀行員	bank clerk
会計士	accountant

エンジニア	engineer
システムエンジニア	system engineer
ウェブデザイナー	web designer
プログラマー	programmer
ゲームクリエイター	game creator
声優	voice actor
パティシエ	patissier
整備士	mechanic
薬剤師	pharmacist
栄養士	dietician
美容師	beautician
テレフォンオペレーター	telephone operator
翻訳家	translator
通訳	interpreter
芸術家	artist
獣医	veterinarian ※会話ではしばしばvet。
イラストレーター	illustrator
作家	writer
ミュージシャン	musician
歌手	singer
政治家	politician

会社の種類

「私は～に勤めています」： "I work for a/an～."

旅行代理店	travel agent
広告代理店	advertising agent
銀行	bank
不動産屋	real estate company
市役所	city office/hall
商社	trading company
出版社	publisher
保険会社	insurance company
建築会社	construction company
学校	school
工場	factory
デパート	department store
レストラン	restaurant
薬局	pharmacy
美容院	beauty shop/salon
WEB制作会社	web production company

職種のリスト

「私は～で働いています」： "I'm in～."

コンピューター関係	the computer business
旅行関係	the travel business

金融関係	the financial business
保険関係	the insurance business
語学関係	the language business
出版関係	the publishing business
芸能関係	show business
医学関係	the medical industry
食品関係	the food industry
教育関係	the education industry
ファッション関係	the fashion industry
不動産関係	the real estate industry
サービス業	the service industry
IT関係	the IT industry
福祉関係	the welfare industry
医療関係	the medical industry

趣味のリスト

「私の趣味は～（をすること）です」： "My hobby is～."

読書	reading
音楽鑑賞	listening to music
映画鑑賞	going to the movies
美術館巡り	visiting museums
写真	photography
ゲーム	playing video games
散歩	taking walks

ヨガ	doing yoga
ジョギング	jogging
テニス	playing tennis
ゴルフ	playing golf
野球	playing baseball
サッカー	playing soccer
水泳	swimming
釣り	fishing
体操	exercising
登山	mountain climbing
ハイキング	hiking
ガーデニング	gardening
陶芸	pottery
料理	cooking
絵を描くこと	painting
英会話	learning English
旅行	traveling
温泉に行くこと	going to hot springs

基礎 03 家族について話す

Talking about your family

家族や友達を紹介する

▶ Track 019

基本パターン

I would like to introduce you to my mother. (I would = I'd)
私の母を紹介します。

Let me introduce you to Aya. アヤを紹介させてください。

ポイント

1 「(あなたに)〜を紹介します」の基本表現は、"I'd like to introduce (you to) + 人"になります。「あなたに〜を紹介させてください」は、"Let me introduce (you to) + 人"です。

2 「こちらは〜です」は、"This is + 紹介する人"になります。「私の友達」や「彼の先生」など、所有格「〜の」は次のようになります。

私の(my)、あなたの(your)、彼の(his)、彼女の(her)、私たちの(our)、彼らの(their)

私の父を紹介します。	I'd like to introduce you to my father.
こちらは私の友達、佐藤真里さんです。	This is my friend, Mari Sato.

友達の中村浩二さんを紹介させてください。	Let me introduce you to my friend, Koji Nakamura.
こちらは大学 / 高校時代からの友達のメグミです。	This is my old college/high school friend, Megumi.
こちらはいつもお世話になっている野村さんです。	This is Mr. Nomura. He has always been so good to us.
お2人とも、ご紹介は済んでいますか。	Have you two been introduced? ※このとき、「はい」の場合は"Yes, we have."、「いいえ、まだです」のときは"No, not yet." で答えましょう。
山田さん、健さんにはお会いになりましたか。	Mr. Yamada, have you met Ken? ※このとき、「はい」のときは"Yes, I have."、「いいえ、まだです」のときは"No, not yet." で答えましょう。

家族について話す

▶ Track 020

基本パターン

My father is an office worker. 父は会社員です。
He likes golf. 父はゴルフが好きです。
My mother works part-time. 母はパート勤めをしています。
She is cheerful and kind. 母は明るくて優しいです。

ポイント

1 職業を説明するときは、"人＋be動詞＋職業"になります。「あなたたち」「私たち」「彼ら」のように人数が複数の場合は、名詞に「複数のs」をつけます。

「〜は学生です」：

（私）	I am a student.
（あなた・あなたたち）	You are a student. / You are students.
（彼・彼女）	He/She is a student.
（私たち）	We are students.
（彼ら・彼女たち）	They are students.

「〜ではありません」と否定するときは、be動詞のあとにnotをつけます。

I	am not a student.
You	are not a student. (are not = aren't)
He/She	is not a student. (is not = isn't)
We/They	are not students. (are not = aren't)

2 He（彼）・She（彼女）に続く一般動詞の現在形には、動詞の後ろにsがつきます。これを3単現（3人称・単数・現在形）のsと呼びます。ただし、have→has（持っている）のように活用が不規則なものや、study→studies（勉強する）のように子音+yで終わる動詞は、yをiに変えてesをつけるものもあります。また、-o/-s/-sh/-ch/-xで終わる動詞の場合は、esをつけます（do→does「する」、go→goes「行く」、watch→watches「見る」）。

「〜は働いています」：

（私）	I work.
（あなた・あなたたち）	You work.
（彼・彼女）	He/She works.
（私たち）	We work.
（彼ら・彼女たち）	They work.

3 「〜しません」という否定文は以下のようになります。

I	do not work.
You/We/They	do not work. (do not = don't)
He/She	does not work. (does not = doesn't)

4 外見・性格の詳しい描写は「外見と性格を説明する」の章（p.204）を参照してください。

父親

私の父は会社員です。	My father is an office worker.
父は自分で会社を経営しています。	My father runs his own company.
父は仕事にひとすじです。	My father is devoted to his work.
忙しくてほとんど家にいません。	He is hardly home because he is busy.
父は私が家業を継ぐことを願っています。	My father wants me to take over the family business.
父は引退しています。	My father is retired.
父は年齢と共に丸くなりました。	My father mellowed with age.
父の趣味は釣りです。	His hobby is fishing.

父は厳しいです。	He is strict.
門限にうるさいです。	He is strict about curfew.

母親

私の母は教師をしています。	My mother is a teacher.
母はパート勤めをしています。	My mother works part-time.
母はボランティアをしています。	My mother does volunteer work.
母はPTAのメンバーです。	My mother is a member of the PTA board.
母は主婦です。	My mother is a homemaker.
母は料理が上手です。	My mother is a great cook.
母は教育熱心です。	My mother cares about our education.
母は明るくて優しいです。	My mother is cheerful and kind.
母は父の仕事を手伝っています。	My mother helps with my father's business.
母は仕事と家庭を両立させています。	My mother works and takes care of the house at the same time.
母はママ友との付き合いを大切にします。	My mother values the company of her mom friends.
母は私たちのやりたいことをやらせてくれます。	My mother lets us do anything we like.

両親について

両親は東京に住んでいます。	My parents live in Tokyo.
両親は2人とも働いています。	Both my parents work.
両親は仲がいいです。	My parents get along well.
2人それぞれの趣味を持っています。	They have their own hobbies.
2人でよく旅行をします。	They often go on trips together.
両親は年金生活です。	They live off their pension.
両親は離婚しています。	My parents are divorced.
私の母/父は介護施設にいます。	My mother/father is in a nursing home/facility.
父/母は亡くなりました。	My father/mother passed away. ※「亡くなった」は過去形になります。

両親の性格や外見について

父は無口で、母は話し好きです。	My father is quiet, and my mother is talkative.
母は心配性で、父はおおらかです。	My mother is a worrier, and my father is easygoing.
父と母はよく似ています。	My father and mother are very similar.
父も母も温泉に行くことが好きです。	Both my father and mother like going to hot springs.

父も母も犬/猫が好きです。	Both my father and mother like dogs/cats.
父も母も孫を可愛がってくれます。	My father and mother adore their grandchildren.
父も母も孫娘/孫息子を甘やかします。	My father and mother spoil their granddaughter/grandson.
私は父に似ています。	I'm like my father.
私たちは2人とも頑固です。	We are both stubborn.
私の外見は母親似です。	I look like my mother.
私たちは目元がそっくりです。	We have the same eyes.
両親は2人とも私にとても期待しています。	Both of my parents have high expectations of me.
両親はいつも私を支えてくれます。	My parents always support me.

夫・妻・子供

私の夫はABCに勤めています。	My husband works for ABC.
彼は子供とよく遊びます。	He often plays with the children.
夫は家庭を大切にします。	My husband cares about the family.
彼は育児に協力的です。	He supports me with taking care of the children.
彼は帰りがいつも遅い/早いです。	He always comes home late/early.

私はしっかりと子育てをしてくれる妻に感謝しています。	I'm grateful to my wife for taking good care of our children.
妻/夫も私も働いています。	Both my wife/husband and I are working.
家事は交代してやります。	We take turns in doing the housework.
息子/娘は小学生です。	Our son/daughter is in elementary school.
長男はアメリカに留学しています。	Our oldest son is studying in the U.S.
上の子は結婚しています。	Our oldest child is married.
真ん中の子は働いています。	Our middle child is working.
下の子はまだ学生です。	Our youngest child is still in school.
長女は来年受験です。	Our oldest daughter is taking entrance exams next year.

兄弟・姉妹関係

弟/妹は2つ年下です。	My brother/sister is 2 years younger than I am.
兄/姉は3つ年上です。	My brother/sister is 3 years older than I am.
私たちは仲がいいです。	We are close to each other.
私たちは仲がよくありません。	We don't get along with each other.

私たちはよく話をします。	We often talk to each other.
私たちはよく一緒に出かけます。	We often go out together.
離れて住んでいますが、よく連絡を取り合います。	We live apart, but we keep in close touch.
離れて住んでいるので、あまり会いません。	We live apart, so we don't see each other often.
私たちは性格が似ています。	We have similar personalities.
私たちは２人ともファッションに興味があります。	We are both interested in fashion.
私たちはまったくタイプが違います。	We are totally different from each other.
兄は運動神経がいいですが、私は運動が苦手です。	My older brother is very athletic, but I'm not good at sports.
私たちは外見が似ています。	We look alike.
私たちは外見が似ていません。	We don't look alike.
周りからはよく似ていると言われます。	People often tell us we look alike.
周りからはあまり似ていないと言われます。	People say we don't look like each other.

相手の家族について「はい」「いいえ」で答えられる簡単な質問 ▶ Track 021

基本パターン

Is your father from Tokyo? お父さんは東京出身ですか。
Yes, he is. はい、そうです。
No, he isn't. He is from Chiba. いいえ、違います。父は千葉出身です。

Does your mother work? お母さんは働いていらっしゃいますか。
Yes, she does. はい、働いています。
No, she doesn't. She is a homemaker. いいえ、働いていません。母は主婦です。

ポイント

1 「はい」「いいえ」で答えられるbe動詞の疑問文をまとめると以下のようになります。

Is he/she a student? 「～は学生ですか」
Are you a student?
Are you/we/they students?

2 「はい」「いいえ」の短い答え方は次のようになります。

Yes, I am.	No, I'm not.
Yes, you/we/they are.	No, you/we/they aren't.
	No, you're/we're/they're not.
Yes, he/she is.	No, he/she isn't.
	No, he's/she's not.

3 「～はお勤めですか」「～にお住まいですか」のような一般動詞を用いた疑問文は、Do/Doesを文頭に持ってきて、"Do/Does＋主語＋動詞?"のかたちを作ります。Doesの疑問文のとき、動詞はもとのかたち（原形）に戻します。

Do	I/you/we/they	work?	「～は働いていますか」
Does	he/she	work?	

4 「はい」「いいえ」の短い答え方は次のようになります。

Yes, I/you/we/they do.	No, I/you/we/they don't.
Yes, he/she does.	No, he/she doesn't.

お父さん / お母さんは東京出身ですか。	Is your father/mother from Tokyo?
ご両親は横浜にお住まいですか。	Do your parents live in Yokohama?
あなたはよくご両親を訪れますか。	Do you often visit your parents?
息子さん / 娘さんは学生ですか。	Is your son/daughter a student?
お兄さんはご結婚されていますか。	Is your older brother married?
お姉さんはお近くにお住まいですか。	Does your older sister live near here?
弟さん / 妹さんはお勤めですか。	Does your younger brother/sister work?

相手の家族についてたずねる

▶ Track 022

基本パターン

What does your father do?
お父さんは何をなさっていますか。

Where does your sister live?
お姉さん(妹さん)はどちらにお住まいですか。

How old is your older brother?
お兄さんはおいくつですか。

ポイント

1 家族についてたずねるときは、What(何)やWhere(どこ)などの疑問詞を文頭に持ってきて質問します。

2 家族について質問されて、「あなたのお父さんは?・お母さんは?」と相手にも同じことをたずねたい場合は、"How about〜?"を使います。

お父さん/お母さんは何をなさっていますか。	What does your father/mother do?
お母さん/お父さんのご趣味は何ですか。	What's your mother's/father's hobby?
ご両親はどちらにお住まいですか。	Where do your parents live?
ご主人/奥さんは何をなさっていますか。	What does your husband/wife do?
お兄さん(弟さん)は何をなさっていますか。	What does your brother do?

お姉さん（妹さん）はどちらに住んでいますか。	Where does your sister live?
お兄さん（弟さん）はおいくつですか。	How old is your brother?
お姉さん（妹さん）はおいくつですか。	How old is your sister?
娘さん/息子さんは何をなさっていますか。	What does your daughter/son do?
息子さん/娘さんはおいくつですか。	How old is your son/daughter?
息子さん/娘さんはどちらの学校に通っていますか。	What school does your son/daughter go to?
あなたのお父さん/お母さんは?	How about your father/mother?
あなたのご主人/奥さんは?	How about your husband/wife?

家族の名称

父	father
母	mother
祖父（父方の）	grandfather (on my father's side)/ paternal grandfather
祖父（母方の）	grandfather (on my mother's side)/ maternal grandfather
祖母（父方の）	grandmother (on my father's side) / paternal grandmother

祖母（母方の）	grandmother (on my mother's side)/ maternal grandmother
兄	older brother
姉	older sister
弟	younger brother
妹	younger sister
夫	husband
妻	wife
息子	son
娘	daughter
叔父・伯父	uncle
叔母・伯母	aunt
いとこ	cousin
甥	nephew
姪	niece
義理の父	father-in-law
義理の母	mother-in-law
義理の両親	in-laws
義理の兄・弟	brother-in-law
義理の姉・妹	sister-in-law

基礎
04 日時と曜日

Times and dates

日付と曜日をたずねる・答える

▶ Track 023

基本パターン

Q	What's today's date? What's the date today?	今日は何日ですか。
A	It's October 25th.	10月25日です。
Q	What day is today?	今日は何曜日ですか。
A	It's Monday.	月曜日です。

ポイント

1 曜日は、Monday（月）、Tuesday（火）、Wednesday（水）、Thursday（木）、Friday（金）、Saturday（土）、Sunday（日）です。

2 dateは「日にち」、dayは「曜日・日」を表します。話者が日にち・曜日について話しているということがお互いにわかっているときは、dateやdayを省略して、簡単に“What's today?”「今日は？」、“What's tomorrow?”「明日は？」で問いかけることもあります。

3 日にちを答えるときは、"It is(=It's)＋日にち・曜日"になります。「22日」のように、日付のみのときは、日付の前にtheを入れて、"It's the 22nd."のようにします。日にちを言うときはふつうのone, two, three...の数字を使わず、first, second, third...という序数詞を使います。

日付をたずねる

今日は何日ですか。	What's today's date? / What's the date today?
明日は何日ですか。	What's tomorrow's date?
来週の木曜日は何日ですか。	What's the date of next week Thursday?

日付を言う

4月11日です。	It's April 11th.
22日です。	It's the 22nd.
今日は10月30日です。	Today is October 30th.
明日は31日です。	Tomorrow is the 31st.

曜日をたずねる

今日は何曜日ですか。	What day is today?
明日は何曜日ですか。	What day is tomorrow?
今日は何日/何曜日ですか。	What's today?
20日は何曜日ですか。	What day is the 20th?

曜日を言う

火曜日です。	It's Tuesday.
今日は月曜日です。	Today is Monday.
明日は水曜日です。	Tomorrow is Wednesday.
今日は2月15日、水曜日です。	Today is Wednesday, February 15th.
今年のクリスマスは火曜日にあたります。	This year's Christmas falls on Tuesday.
新年（元日）は金曜日にあたります。	The New Year falls on Friday.

イベントの日にち/曜日をたずねる・答える

▶ Track 024

基本パターン

Q	When is the meeting?	打ち合わせはいつですか。
A	It's on the 25th.	25日です。
	It's on Monday.	月曜日です。
	It's on October 25th.	10月25日です。

ポイント

1 イベントや予定の日時をたずねるときは、When（いつ）を使って、"When is (=When's) the＋イベント？"になります。

2 「午前中・午後・晩」はin the morning/afternoon/evening、「夜に」はat nightになります。「月曜の朝」のように曜日がつく場合は、on Monday morningのかたちになります。

イベントの日にち・曜日をたずねる

打ち合わせはいつですか。	When is the meeting?
試験はいつですか。	When is the test?
レッスンはいつですか。	When is the lesson?
面接はいつですか。	When is the interview?
美容院/歯医者の予約はいつですか。	When is the beauty shop/dentist appointment?
コンサートはいつですか。	When is the concert?
セミナー/ワークショップはいつですか。	When is the seminar/workshop?

イベントの日にち・曜日を答える

4月25日です。	It's on April 25th.
20日です。	It's on the 20th.
20日の午前中/午後です。	It's in the morning/afternoon of the 20th.
来月の10日です。	It's on the 10th next month. / It's next month on the 10th.
金曜日です。	It's on Friday.
今度の水曜日です。	It's next Wednesday. ※ nextがあるときonはつけません。
来週の火曜日です。	It's next week Tuesday. / It's on Tuesday next week.
毎週土曜日です。	It's every Saturday. ※ everyがあるときonはつけません。

月曜の朝です。	It's on Monday morning.
火曜の午後です。	It's on Tuesday afternoon.
水曜の夜です。	It's on Wednesday night.
それは6月18日に行われます。	It'll take place on June 18th.
それは11月12日に開催されます。	It'll be held on November 12th.

始業・終業・仕事納め・仕事始め

学校はいつ始まりますか。	When do you start school?
→4月10日に始まります。	It'll start on April 10th.
学校の最後の日はいつですか。	When is the last day of school?
→7月20日に終わります。	It'll end on July 20th.
仕事納めはいつですか。	When is the last work day of the year?
→年内、業務最終日は12月28日です。	Our last work/business day of the year will be December 28th.
仕事始めはいつですか。	When is the first work day of the year?
→1月5日より通常業務となります。	Our first work/business day of the year will be January 5th.

時刻をたずねる・答える

▶ Track 025

基本パターン

Q What time is it? 何時ですか。

A It's 10:15. / It's a quarter past 10:00. 10時15分です。

ポイント

時間の言い方は、It'sを使ってそのまま数字を言う表現と(7時15分だったら、"It's seven fifteen.")、15分を表すa quarter や半分を表すhalfなどを使う表現があります。

時間をたずねる・答える

(今、)何時ですか。	What time is it (now)?
(昼の)12時です。/正午です。	It's 12 p.m. / It's noon.
午前0時です。	It's midnight.
10時ちょうどです。	It's 10 o'clock. / It's exactly 10:00.
だいたい10時です。	It's about 10:00.
2時ちょっと過ぎです。	It's a little past 2:00.
2時10分です。	It's 2:10.
2時15分です。	It's 2:15. / It's a quarter past 2:00.
2時30分です。/2時半です。	It's 2:30. / It's half past 2:00.

2時45分です。/3時15分前です。	It's 2:45./It's a quarter to 3:00.
3時5分前です。	It's five to 3:00. / It's 5 minutes before 3:00.
もうすぐ4時です。	It's almost 4:00.

開始時刻と終了時刻をたずねる・答える

▶ Track 026

基本パターン

Q What time is your work? 仕事は何時から何時までですか。

A It's from 9:00 to 5:00. 9時から5時までです。

Q What time is the appointment? 予約は何時ですか。

A It's at 1:30. 1時半です。

ポイント

1 仕事やイベントの時間をたずねるときは、"What time is＋イベント?"を使います。"What time is～?"という表現には、開始時刻のほかに、終了時刻をたずねる意味も含まれています。「～から～までです」と、継続時間を表現するときは、"It's from～ to～"を使います。

2 開始時刻をたずねるときは、次のようになります。「～時に」という時間の表現では、時刻の前にatをつけます。

What time does it start?　「それは何時からですか」
It starts at 10 o'clock.　「10時に始まります」

終了時刻だけをたずねるときは、次のようになります。

What time does it finish?　「それは何時までですか」
It finishes at 2:30.　「2時半に終わります」

3 予約時間を答えるときは、"It's at + 時間"を使います。面接や病院の予約はappointment、ホテルや食事の予約はreservationになります。

4 仕事や学校の時間については「自分の日常について話す」の章（p.113）も参照してください。

仕事やイベントの時間をたずねる

仕事は何時から何時までですか。	What time is your work?/ What time do you work?
昼休みは何時から何時までですか。	What time is your lunch break?
次の会議は何時に始まりますか。	What time does the next meeting start?
映画は何時ですか。	What time is the movie?
ランチ/ディナーの予約は何時ですか。	What time is the lunch/ dinner reservation?

イベントの時間を答える

それは12時です。（予約などの時間）	It's at 12:00.

仕事は9時から5時までです。	The work is from 9:00 to 5:00. / I work from 9:00 to 5:00.
それは9時半に始まります。	It starts at 9:30.
それは6時に終わります。	It finishes at 6:00.
それは1時半から2時半までです。	It's from 1:30 to 2:30.

継続時間/期間をたずねる・答える

▶ Track 027

基本パターン

Q How long is your work? 仕事は何時間ですか。

A It's from 9:00 to 5:00. 9時から5時までです。
It's 8 hours. 8時間です。

ポイント

1 「何分」「何時間」「何日」など、継続時間や期間をたずねるときは "How long is～?" を使います。このとき、"It's 2 hours."「2時間です」、"It's 10 days."「10日間です」と、数字をそのまま答えることもできますし、"It's from～ to～" を使って「～時(日)から～時(日)までです」と答えることもできます。

2 「1時間」は、よく an hour という言い方を用います。hour の h は発音せず、a ではなく an を使います(hour が母音 o の音で始まるため)。

継続時間・期間をたずねる

仕事は何時間ですか。	How long is your work?
授業/レッスンはどれくらいですか。	How long is the class/lesson?
夏休みはどれくらいありますか。	How long is your summer vacation?
お正月休みはどれくらいありますか。	How long is your New Year's holiday/vacation?

継続時間・期間を答える

1日8時間働きます。	I work 8 hours a day. / The work is 8 hours.
50分ぐらいです。	It's about 50 minutes long.
1時間です。	It's an hour long.
1時半から3時までです。	It's from 1:30 to 3:00.
10日間です。	It's 10 days.
1週間ぐらいです。	It's about a week long.

合宿・研修・夏期講習などの期間をたずねる

ポイント

「研修」「合宿」など、1日では終わらないものの期間をたずねたいときは、"When is～?"を使って、「～はいつですか」と質問することができます。

バスケ部の合宿はいつですか。	When is the basketball camp?
塾の夏期講習はいつですか。	When is the summer course at cram school?
研修はいつですか。	When is the training program?
→ 3月1日から8日までです。	It's from March 1st to the 8th.

所要時間をたずねる・答える

▶ Track 028

基本パターン

Q How long does it take from Kamakura to Yokohama?
鎌倉から横浜までどれくらいかかりますか。

A It takes about 30 minutes by train.
電車で30分くらいかかります。

ポイント

1 所要時間をたずねる基本表現は "How long does it take?" です。A地点からB地点までどれくらいかかるかとたずねたいときは、"How long does it take from A to B?" となります。

2 答えるときは、"It takes + 所要時間"を使います。交通手段を言うときは「by + 交通手段」で表現します(「歩いて」はon foot)。

所要時間をたずねる

通勤時間はどれくらいですか。	How long is your commute?
学校までどれくらいかかりますか。	How long does it take to get to school?
家から最寄り駅まで歩いてどれくらいですか。	How long does it take from your place to the nearest station on foot?
鎌倉から東京まで電車でどれくらいですか。	How long does it take from Kamakura to Tokyo by train?
東京から箱根まで車でどれくらいですか。	How long does it take from Tokyo to Hakone by car?
ニューヨークまでどれくらいですか。	How long does it take to New York?

所要時間を答える

1時間半くらいかかります。	It takes about an hour and a half.
歩いて15分くらいかかります。	It takes about 15 minutes on foot.
自転車で20分くらいかかります。	It takes about 20 minutes by bicycle/bike.
バイクで30分くらいかかります。	It takes about 30 minutes by motorbike.
バスで45分くらいかかります。	It takes about 45 minutes by bus.
電車で2時間かかります。	It takes 2 hours by train.

電車の接続がよければ、1時間半しかかかりません。	It takes only an hour and a half if the connections are good.
地下鉄で数分かかります。	It takes several minutes by subway.
車で4時間くらいかかります。	It takes about 4 hours by car.
道がすいていれば、たった3時間くらいで行けます。	It takes only about 3 hours if there is no traffic.
渋滞すると5時間以上かかります。	It takes over 5 hours if the traffic is heavy.
飛行機で12時間くらいかかります。	It takes about 12 hours by plane.

序数詞

1. first
2. second
3. third
4. fourth
5. fifth
6. sixth
7. seventh
8. eighth
9. ninth
10. tenth

11. eleventh
12. twelfth
13. thirteenth
14. fourteenth
15. fifteenth
16. sixteenth
17. seventeenth
18. eighteenth
19. nineteenth
20. twentieth
21. twenty-first
22. twenty-second
23. twenty-third
24. twenty-fourth
25. twenty-fifth
26. twenty-sixth
27. twenty-seventh
28. twenty-eighth
29. twenty-ninth
30. thirtieth
31. thirty-first

基礎 05 天気・季節について話す

Talking about weather and seasons

天気について話す

▶ Track 029

基本パターン

Q	How is the weather?	天気はどうですか。
A	The weather is nice.	天気はいいです。
	It's sunny.	晴れています。
	It's a sunny day.	今日は晴れています。
	It's a sunny day, isn't it?	今日はよく晴れていますね。

ポイント

1 「天気がいいです・悪いです」の基本表現は“The weather is＋形容詞”です。「晴れ」や「曇り」など、具体的な天気を表すときは“It's＋形容詞”を使います。

2 “It's a＋形容詞＋day.”は「今日は～です」を表します。この形容詞はdayを修飾しているので、形容詞の前にa/anをつけましょう。

3 「雨が降っている」「雪が降っている」など、動詞の場合は“It's＋動詞ing”のかたちを使います。

It's raining.　「雨が降っています」

4 「暑いですね」というように相手に話しかけるときは、文末にisn't it?をつけます。「そうですね」と答えるときは "Yes, it is." となります。

It's hot, isn't it?　「暑いですね」
Yes, it is.　「そうですね」

5 過去の天気について話すときは、It is → It wasに、rainなどの動詞は過去形に変えて言いましょう。（→過去形についてはp.170を参照）

It was sunny yesterday.　「昨日は晴れていました」
It rained last night.　「昨晩、雨が降りました」

天気・天候をたずねる

そちらの天気はどうですか。	How is the weather there?
明日の天気はどうでしょう。	What will the weather be like tomorrow?

いい天気です

天気がいいです。	The weather is nice.
過ごしやすい天気です。	The weather is pleasant.
今日はいい天気です。	It's a nice day.
晴れています。	It's sunny.
暖かいです。	It's warm.
風が爽やかです。	The wind is refreshing.
空が澄み渡っています。	The sky is clear.
なんていい天気なのでしょう!	What a beautiful day!

行楽日和です。	It's perfect weather to go out.

天気が悪いです

天気が悪いです。	The weather is bad.
ひどい天気ですね。	The weather is terrible. / It's terrible weather.
不安定な天気です。	The weather is unstable. / It's unstable weather.
変わりやすい天気です。	It's volatile/changeable weather.
なんてひどい天気なのでしょう!	What terrible weather!
天気が悪いので、どこへも行く気になれません。	I don't feel like going anywhere because the weather is bad.
寒暖の差が激しいです。	The difference in temperature is extreme.
気温差に身体がついていきません。	My body cannot keep up with the temperature difference.
三寒四温の天気が続いていますね。	The weather has continued a cycle of three cold and four warm days.

曇り・雨・雷・雪・風

曇っています。	It's cloudy.
風が強いです。	It's windy.
雨が降っています。	It's raining.

今日は1日中雨ですね。	It's raining all day today.
雨が降りそうです。	It's going to rain.
霧雨が降っています。	It's drizzling.
小雨が降っています。	It's raining lightly.
どしゃぶりです。	It's pouring.
集中豪雨です。	It's torrential rain.
雪が降っています。	It's snowing.
ひょうが降っています。	It's hailing.
霧が出ています。	It's foggy.
嵐です。	It's stormy.
雷が鳴っています。	There's thunder.
台風が来ています。	A typhoon is coming.

天気予報をチェックする

天気予報をチェックしましょう。	Let's check the weather forecast.
天気予報によると、明日は晴れ/曇りのようです。	According to the weather forecast, tomorrow will be sunny/cloudy.
天気の大きな崩れはなさそうです。	It looks like there will be no major disruptions in the weather.
天気予報によると、明日は午後から雨のようです。	According to the weather forecast, it's going to rain tomorrow afternoon.

降水確率は60%です。	The chance of precipitation is 60%.
明日は荒れた1日になりそうです。	Tomorrow is going to be a stormy/rough day.
傘を持って行ったほうがよさそうです。	It would be better to bring an umbrella.
外出は避けたほうがいいかもしれません。	You may want to avoid going outside.
低気圧が近づいています。	Low pressure is approaching.
雨雲が発達しています。	Rain clouds are developing.

暑いです ※「夏」のセクション(p.78)も参照。

暑いです。	It's hot.
毎日とても暑いですね。	It's very hot every day, isn't it?
今日も真夏日です。	It's another hot summer day.
湿度が高いです。	It's humid.
蒸し暑いです。	It's muggy.
外はうだるような暑さです。	It's sweltering outside.
日差しが強いです。	The sun is strong.
猛暑ですね。	It's extremely hot, isn't it?
あまりにも暑くて夜はぐっすり眠れません。	It's so hot that I can't sleep well at night.
連日30度を超しています。	The temperature has risen to 30 degrees every day.

今日の最高気温は33度です。	Today's high is 33 degrees.
今日の最低気温は27度です。	Today's low is 27 degrees.
今年一番の暑さです。	This is the hottest day of the year.
暑くて何もする気が起きません。	It's so hot that I don't feel like doing anything.

涼しいです・寒いです ※「冬」のセクション（p.80）も参照。

涼しいです。	It's cool.
寒いです。	It's cold.
肌寒いです。	It's chilly.
凍えます。	It's freezing.
毎日とても寒いですね。	It's so cold every day, isn't it?
涼しくなりました。	It's gotten much cooler.
肌寒くなりました。	You can feel the chill in the air.
暑さが和らいできました。	The heat is lessening.
朝夕、冷えますね。	It's cold in the morning and evening.
氷点下です。	It's below freezing.

荒れた天気・地震について

大雨警報が出ています。	There is a heavy rain warning.
暴風警報が出ています。	There is a storm warning.
洪水警報が出ています。	There is a flood warning.
昨日、台風が上陸しました。	A typhoon made landfall yesterday.
突然の豪雨に見舞われました。	We had a sudden downpour.
私は傘がなくて困りました。	I was in trouble because I didn't have an umbrella.
昨日の夜、大きな地震がありました。	There was a big earthquake last night.
6時ごろ弱い地震がありました。	There was a small earthquake around 6:00.
先ほど地震があったことに気づきましたか。	Did you notice the earthquake earlier?
私は地震に気づきませんでした。	I didn't notice the earthquake.
余震に注意する必要があります。	We need to watch out for aftershocks.
土砂崩れに警戒する必要があります。	We need to be alert for landslides.
異常気象です。	It's extreme weather.
温暖化です。	It's global warming.

季節について話す

基本パターン

It's spring.	春です。
It's almost spring.	もうすぐ春です。
It's already spring.	もう春です。
Summer is here.	夏がやってきました。
Summer is over.	夏が終わります。

ポイント

1 「春です」のように季節を言うときは “It's + 季節” のかたちを使います。

2 「もうすぐ〜です」のときは “It's almost + 季節”、「もう〜です」は “It's already + 季節” になります。

3 「〜になりました・〜がやってきました」は “季節 + is here.”、「〜は終わります・明けます」は “季節 + is over.” を使います。

春

もうすぐ春です。	Spring is almost here. / Spring is just around the corner.
日一日と暖かくなっていきます。	It's getting warmer day by day.
もう4月です。	It's already April.
春はいい季節です。	Spring is a nice season.
春は美しい桜を楽しむことができます。	We can enjoy the beautiful cherry blossoms in spring.

私は花見に行きます。	I go flower-viewing.
暖かくなると気持ちが明るくなります。	Warmer weather brightens our spirits.
私は花粉症なので、春は好きではありません。	I don't like spring because I have a pollen allergy.
年度末です。	It's the end of the fiscal year.
新年度です。	It's the new fiscal year.
別れと出会いの季節です。	It's the season of parting and meeting.
卒業シーズンですね。	It's the season of graduation.
新しい生活が始まります。	It's the beginning of a new life.
入学式は4月8日です。	The entrance ceremony is on April 8th.
もうすぐゴールデンウィークです。	It's almost Golden Week.

梅雨

間もなく梅雨入りです。	The rainy season is coming.
梅雨入りしましたね。	The rainy season has begun.
梅雨はうっとうしいです。	The rainy season is depressing.
雨が続くと、洗濯物がなかなか乾きません。	When it rains continuously, it's difficult to dry laundry.
今年は空梅雨です。	This year's rainy season is dry.
来週、梅雨明けしそうです。	It looks like the rainy season will end next week.

梅雨がようやく明けました。	The rainy season is finally over.

夏

日が長くなってきています。	The days are getting longer.
夏がやってきました。	Summer is here.
もうすぐ夏休みですね。	It's almost summer vacation.
夏を楽しんでいますか。	Are you enjoying the summer?
長い休暇があるので夏が好きです。	I like summer because of the long vacations.
夏は海水浴を楽しみます。	I enjoy going to the beach in summer.
日光浴で日に焼けています。	I'm tanned from sunbathing.
私は暑さが苦手です。	I don't like hot weather.
この暑さは身体にこたえます。	This heat is hard on the body.
熱中症にならないように注意しないといけません。	We have to be careful not to get heatstroke.
私はエアコンを28度に設定しています。	I set the air conditioner to 28 degrees.
寝るときはタイマーにしています。	When I go to bed, I put it on a timer.
エアコンをつけたまま寝ると、喉が乾燥して痛くなります。	If I sleep with the air conditioner on, my throat gets dry and sore.

熱中症対策が必要です。	We must take precautions against heatstroke.
脱水症状にならないように、水分補給を忘れずに。	Remember to stay hydrated to avoid dehydration.
夏は特に紫外線が強いです。	The ultraviolet rays are particularly strong in summer.
私は紫外線対策にUVクリームを塗っています。	I apply UV cream for UV protection.
日傘を使います。	I use a parasol.
帽子をかぶります。	I wear a hat.
暑中お見舞い申し上げます。（手紙などで）	I hope you are enjoying the summer.

秋

夏が終わりますね。	The summer season is over.
秋は私の好きな季節です。	Autumn is my favorite season.
秋はきれいな紅葉を楽しむことができます。	We can enjoy the beautiful foliage in autumn.
スポーツを楽しむのにうってつけの季節です。	It's a perfect season for sports.
食べ物のおいしい季節です。	It's a season to enjoy good food.
読書を楽しむのにいい季節です。	It's a good season to enjoy reading.
ハロウィンの飾りつけが街にあふれています。	There are Halloween decorations all over town.

私は家にジャック・オー・ランタンを飾りました。	I decorated my house with jack-o-lanterns.
友達と仮装パーティーをします。	I will have a costume party with my friends.
今年の仮装は何ですか。	What is your costume this year?
→ 今年、私は魔女になります。	This year I'll be a witch.
ハロウィンのお菓子を準備します。	I'll prepare Halloween candy.
ハロウィンのお菓子をもらって子供たちは嬉しそうです。	The children seem happy to receive Halloween candy.

冬

日が短くなりました。	The days got shorter.
もう外は真っ暗です。	It's already very dark outside.
今年は暖冬です。	It's a mild winter this year.
冬は空気が乾燥します。	The air is dry in the winter.
私は寒いのが苦手です。	I don't like cold weather.
寒くて朝起きるのがつらいです。	It's so cold that I have a hard time waking up in the morning.
手足が冷えます。	My hands and feet get cold.
もうすぐクリスマス/冬休みです。	It's almost Christmas/winter vacation.
街のクリスマスの飾りがきれいです。	The Christmas decorations in the city are beautiful.

クリスマスのイルミネーションを見に行きました。	I went to see the Christmas lights/illuminations.
あっという間に今年が終わりますね。	This year will be over before you know it.
みんな年末はあわただしいです。	Everyone is busy at the end of the year.
私は12月28日まで仕事をします。	I'll be working until December 28th.
会社の忘年会があります。	There is a year-end party at the company.
今年はどんな年でしたか。	How was your year this year?
→ 今年はよい/たいへんな1年でした。	It has been a good/hard year for me.

※ 季節にまつわるあいさつ表現は「お祝い・お悔やみの言葉」の章（p.82）を、季節のイベントの過ごし方については「未来・今後の予定について話す」（p.158）と「過去の出来事を説明する」の章（p.179）を参照。

基礎
06 お祝い・お悔やみの言葉

Congratulating and expressing condolences

お祝いの言葉

▶ Track 031

ポイント

1 季節の行事を祝うときは"Happy～"を使い、結婚・出産・卒業・就職などは"Congratulations (on～)!"を使って祝福の意を表します。

2 「よいことがたくさんありますように」のように、願いを表すときは、"I wish you＋名詞" "Wishing you＋名詞"のかたちを使います。Wishing youはI wish youよりもカジュアルなニュアンスです。

3 "I hope (that)＋主語＋動詞" "Hope (that)＋主語＋動詞"のかたちを使って、願いや希望を表すことができます。HopeはI hopeよりもカジュアルな表現です。

I hope/Hope you have a wonderful birthday.
「素晴らしい誕生日でありますように」

4 mayを使って、「～でありますように」「～であることを祈ります」という願いを表すことができます。

季節の行事

あけましておめでとう!	Happy New Year!
ハッピーバレンタイン!	Happy Valentine's Day!

ハッピーハロウィン!	Happy Halloween!
感謝祭おめでとう!	Happy Thanksgiving!
素敵な冬の休暇を!	Happy Holidays! ※11月の第4木曜日の感謝祭以降、年明けまでのあいさつ。
メリークリスマス!	Merry Christmas!
よいお年を!	I hope you have a Happy New Year!

クリスマス・年末年始のあいさつ

素敵なクリスマスとお正月をお過ごしください。	I wish you a merry Christmas and a Happy New Year.
休暇の季節、みなさまの幸福をお祈り申し上げます。	Best wishes for a happy holiday season.
新しい年が実り多い1年になりますように!	I wish you a prosperous new year!
今年も素晴らしい1年でありますように。	Hope this year will be another wonderful year for you.
喜びに満ちた1年でありますように。	May this year be a year filled with joy.
ご家族のみなさまのご健康とご多幸をお祈り申し上げます。	I wish you and your family good health and happiness.

母の日・父の日

母の日、おめでとう!	Happy Mother's Day!
お母さん、いつも愛情を注いでくれてありがとう。	Thank you, mom, for always loving me.

お母さんの愛情と支えに感謝しています。	I'm deeply grateful to you for your love and support.
いつも心配かけてごめんね。	I'm sorry to make you worry all the time.
口には出さないけれど、いつもお母さんのことが大好きです。	Though I may not show it, I love you always.
シングルマザーとして１人で私を育ててくれてありがとう。	Thank you for raising me alone as a single mother.
母の日に愛を込めて。	Happy Mother's Day with love.
父の日、おめでとう!	Happy Father's Day!
お父さんをとても尊敬しています。	I respect you very much.
家族を支えてくれてありがとう。	Thank you for supporting the family.
いつも家族を見守ってくれてどうもありがとう。	Thank you very much for always watching over us.
お父さんは偉大な人です!	You're a great man!
いつまでも健康で、長生きしてね。	Please stay healthy and live long.

誕生日

お誕生日おめでとう!	Happy birthday!
30歳のお誕生日おめでとう!	Happy 30th birthday!
ちょっと遅れてしまったけれど、お誕生日おめでとう!	Happy belated birthday!

友達や家族と楽しい誕生日を過ごしてください!	Enjoy your birthday with your friends and family!
この特別な日が幸せいっぱいでありますように。	Hope this special day will be filled with happiness.
笑顔と喜びいっぱいの1日を過ごしてください!	Wishing you a day filled with laughter and joy!
誕生日の願い事がすべて叶いますように!	Hope your birthday wishes will all come true!
プレゼント、気に入ってくれたら嬉しいです。	I hope you like the present.
世界中の幸せがあなたのものになりますように。	You deserve all the happiness in the world.
ますます輝ける1年でありますように。	May you shine brighter and brighter this year.

婚約・結婚・出産・記念日

ご婚約おめでとうございます!	Congratulations on your engagement!
ご結婚おめでとうございます!	Congratulations on your marriage!
お似合いのカップルです。	You two are a perfect match.
末永くお幸せに。	Please be happy together forever.
温かい家庭を築いてください。	Hope you have a wonderful family!
ご懐妊おめでとうございます!	Congratulations on your pregnancy!

お身体に気をつけて、元気な赤ちゃんを生んでください。	Please take care of yourself and have a healthy baby.
ご出産おめでとう!	Congratulations on your new baby!
赤ちゃんがすくすくと健康に育ちますように。	Hope the baby will grow up healthy.
結婚記念日、おめでとうございます!	Happy wedding anniversary!

入学・試験合格・就職

高校/大学入学、おめでとう!	Congratulations on your entering high school/college!
入試合格、おめでとう。	Congratulations on passing the entrance exam.
第一志望の学校への合格、おめでとう。	Congratulations on getting into the school of your first choice.
英検合格、おめでとう。	Congratulations on passing the Eiken test.
就職、おめでとう。	Congratulations on getting a job.
素晴らしい達成、おめでとう。	Congratulations on your great achievement.
あきらめずによくがんばりましたね。	I'm proud of you for not giving up and sticking with it.
コツコツと取り組んできたことが実を結びましたね。	What you've been diligently working on has paid off/borne fruit.

ここまでがんばった自分を誇りに思ってください。	You should be proud of yourself for working so hard.

幸福・成功・健闘を祈る言葉

幸福をお祈りします。	I wish you happiness.
成功をお祈りします。	I wish you success.
幸運をお祈りします。	I wish you good luck.
健康をお祈りします。	I wish you good health.
すべてがうまくいきますように。	I wish you the best of everything.
仕事がうまくいきますように。	I wish you good luck in your work.
この調子でがんばってください。	Keep up the good work.
応援しています。	I'll be rooting for you.
ますますのご活躍とご発展をお祈りいたします。	I wish you continued success and prosperity.

よい知らせを告げる・それに応える

▶ Track 032

ポイント

"Congratulations!"「おめでとう！」は、結婚・出産ならびに試験合格、卒業、就職、栄転など、相手が達成度の高いことを成し遂げたときに使います。

よい知らせがあることを伝える

よい知らせがあります。	I have good news.

学業・入試・試験にまつわるよい知らせ

試験に合格しました。	I passed the exam.
英検２級に合格しました。	I passed the Eiken Grade 2 test.
学校の成績がよかったです。	I got good grades at school.
英語の試験で満点を取りました。	I got a perfect score on my English test.
バスケ部の部長になりました。	I became the captain of the basketball club.
大学に合格しました。	I got into college. / I passed the college entrance exam.
第一志望の大学に受かりました。	I was accepted to the college of my first choice.

就職・仕事・ビジネスにまつわるよい知らせ

就職が決まりました。	I got a job.
採用試験に合格しました。	I passed the employment/recruitment exam.
内定が出ました。	I got a job offer.
私の企画が採用されました。	My proposal was accepted.
プロジェクトが成功しました。	The project was successful.
私は昇進しました。	I got promoted. / I got a promotion.
希望していた部署への異動が決まりました。	I'm going to be transferred to the department I had requested.

新しい仕事が見つかりました。	I found a new job.
起業することにしました。	I decided to start my own business.
独立してフリーランスで仕事をすることにしました。	I decided to be independent and work freelance.

恋愛・婚約・結婚・家族にまつわるよい知らせ

いい出会いがありました。	I met someone (special).
付き合っている人がいます。	I'm seeing someone. / I'm in a relationship.
交際を申し込まれました。	He/She asked me to be his/her partner.
プロポーズされました。	He/She proposed to me.
婚約しました。	I got engaged.
結婚します。	I'm getting married.
子供が生まれます。	I'm having a baby.
私たちに子供が生まれました。	We have a new baby.

よい知らせを聞いたら

おめでとうございます!	Congratulations!
それはすごいです!	That's great! / That's good!
素晴らしい!	Wonderful! / Terrific! / Marvelous!
それはいい知らせです!	That's good news!

よかったですね。	I'm happy to hear that.
私もとても嬉しいです。	I'm so happy for you.
チャンスですね。	It's your chance/opportunity.
さすがです!	You're amazing!
やりましたね!	You did it!
ついに夢が叶いましたね。	Your dream has finally come true.
あなたならできると信じていました。	I knew you could do it.
文句なしの結果ですね。	You deserve it.
ずっとがんばってきた甲斐がありましたね。	It's worth all your effort.
ご縁がありましたね。	It was meant to be.

祝いの言葉に応える

応援をありがとう。	Thank you for cheering for me.
ずっと支えてくれてありがとう。	Thank you for supporting me all this time.
あなた/みんなのおかげです。	Thanks to you/everyone.
あなたの助けがなければ、できませんでした。	I couldn't have done it if it weren't for your help.
1人ではできませんでした。	I couldn't have done this by myself.
私を信じてくれてありがとう。	Thank you for believing in me. / Thank you for having faith in me.

みんなの支えがなかったら、とっくにあきらめていました。	I would have given up a long time ago without the support of everybody.
よいご縁に恵まれて幸せです。	I feel blessed to have such a good relationship(人)/ opportunity(仕事の機会など).
これからも一生懸命がんばります。	I'll continue to do my best.

悲しい知らせを告げる・それに応える

▶ Track 033

ポイント

"I'm sorry."は「お気の毒に」「それは残念ですね」という意味で、訃報や悲しい・悪い知らせを受けたときに一般的に使われる表現です。

訃報

私の祖父が90歳で亡くなりました。	My grandfather passed away at the age of 90.
私の祖母が心臓発作で亡くなりました。	My grandmother died of a heart attack.
義理の父が病気で亡くなりました。	My father-in-law passed away from illness.
友人が交通事故で亡くなりました。	My friend died in a car accident.

お悔やみの言葉

お気の毒に。	I'm sorry. / I'm very sorry.

お悔やみ申し上げます。	You have my deepest sympathy. / Please accept my sympathy.
謹んで哀悼の意を表します。	I extend my deepest condolences.
ご冥福を祈ります。	I pray that he/she will rest in peace.
彼/彼女はこれからもずっとあなたの心の中で生きています。	He/She lives forever in your heart.
彼/彼女はこれからもあなたのことを見守っています。	He/She will continue to watch over you.

不合格・成績の伸び悩み

私は大学に落ちました。	I wasn't accepted to college.
入試に失敗しました。	I failed the entrance exam(s).
試験に落ちました。	I failed the exam.
学校の成績が悪かったです。	I didn't do well in school.
英検準1級に落ちました。	I failed the Eiken Pre-1 test.
英検の面接に受かりませんでした。	I didn't pass the interview of the Eiken test.
TOEICのスコアが伸びませんでした。	My TOEIC score didn't improve.

別離・別居・離婚

ボーイフレンド / ガールフレンドと別れました。	I broke up with my boyfriend/ girlfriend.
パートナーが浮気をしています。	My partner is cheating on me.
私たちは別居することになりました。	We've decided to be separated.
私は離婚しました。	I got divorced.

不採用・リストラなど

私は採用試験に落ちました。	I failed the employment/ recruitment exam.
内定が出ませんでした。	I didn't get a job offer.
不採用でした。	I didn't get the job.
書類選考は通りましたが、面接で落ちました。	I passed the application screening, but failed the interview.
最終面接までいきましたが、内定は出ませんでした。	I made it up to the final interview, but didn't get a job offer.
上司に怒られました。	My boss got angry with me.
私の企画が通りませんでした。	My proposal was rejected.
私は職を失いました。	I lost my job.
リストラされました。	I was laid off.

病気・事故・治療・入院

※ 病気に関しては「自分の体調を説明する」の章（p.190）も参照。

私は交通事故に遭いました。	I was in a car accident.
体調がよくありません。	I'm not feeling well.
手術することになりました。	I'm going to have surgery.
長期的な治療が必要です。	I need long-term treatment.
検査入院をすることになりました。	I'll be hospitalized for the tests/a medical checkup.
1週間ほど入院することになりました。	I'm going to be in the hospital for about a week.
私は入院しています。	I'm in the hospital.
母が病気で入院しています。	My mother is ill and in the hospital.

悲しい/悪い知らせ・残念な結果を聞いたら

※ 励ましの言葉に関しては、「自分の体調を説明する」（p.193）、「悩みを相談する・励ます・アドバイスをする」の章（p.315）も参照。

それは残念です。/それはお気の毒です。	I'm sorry to hear that.
それは残念。	That's too bad.
ご縁がなかったのですね。	It wasn't meant to be.
それがお互いのためです。	It was good for both of you.
あまり気を落とさないで。	Don't let it get you down.
まだチャンスはありますから。	You still have many chances.

またやり直せますよ。	You can start over again.
もっといい人と出会えますよ。	You'll meet someone better.
もっといいチャンスに巡り会えますよ。	You'll find better opportunities.
災い転じて福となることがあります。	It could be a blessing in disguise.
悪いことの反面にはよいことがあります。	Every cloud has a silver lining. ※ 直訳は「どの雲にも銀の裏地がついている」という意味で、「困難な状況でもその裏は明るく輝いている」ということを表す表現です。
早く治るといいですね。 (病気やけがに対して)	Hope you get better soon.

基礎
07

お礼を述べる・あやまる

Thanking and apologizing

基本的なお礼の言い方

▶ Track 034

ポイント

1 “Thank you.”は日常のいろいろな場面で使われます。例えば買い物をしてレジで商品を渡されたとき、レストランでコーヒーをつがれたときなど、「どうも」という意味でごく自然に使われます。

2 “Thanks.”も“Thank you.”と同様に、「ありがとう」を意味しますが、“Thanks.”は“Thank you.”よりもカジュアルなお礼の表現です。

ありがとう。	Thanks.
どうもありがとう。	Thank you.
どうもありがとうございます。	Thank you very much. / Thank you so much.
心よりお礼申し上げます。	I thank you from bottom of my heart.
本当にありがとう!	Thanks a lot! / Many thanks to you!
重ね重ねありがとう。	Thanks once again.
たいへん感謝しています。	I'm deeply grateful. / I'm so grateful.

ご親切に。	That's very kind of you.
とても気が利いていますね。	That's really thoughtful of you.
どのようにお礼をしたらよいのでしょう。	How can I thank you?
そうおっしゃっていただけて、ありがたいです。	That's so nice of you to say so.
とても光栄です。	I'm very honored.

相手がしてくれた行為に対してお礼を述べる

▶ Track 035

基本パターン

Thank you for your kindness. 親切にしてくれてありがとう。
Thank you very much for helping me. 手伝ってくれてどうもありがとう。
I appreciate your kindness. ご親切に感謝します。
I'm grateful to you for helping me. 手伝っていただいて感謝しています。

ポイント

1 kindness（親切）、support（支え）、friendship（友情）など、相手の気持ちに対してお礼を言いたいときは、"Thank you for your＋好意（名詞）"のかたちを用います。

2 "Thank you for helping me."「手伝ってくれてありがとう」のように、「～してくれてありがとう」と言うときは、動詞にingをつけて"Thank you for＋動詞ing"になります。

3 “I appreciate～”は「私は～に感謝しています」と伝えたいときに、“I appreciate＋名詞”のかたちで使います。

4 “I'm grateful（to＋人）for～”は「私は（人）に～していただいて感謝しています」を表します。

5 ありがたい気持ちを表す表現は「感情を表現する」の章（p.294）も参照してください。

行為全体・親切に対するお礼

いろいろとありがとう。	Thank you for everything.
何から何までやっていただいてありがとう。	Thank you for taking care of everything.
ご親切に感謝いたします。	I appreciate your kindness.
手伝ってくれて / 助けてくれてありがとう。	Thank you for your help. / Thank you for helping me.
お世話になり、たいへん感謝しています。	I'm very grateful to you for everything you have done for me.
ご支援とご協力に深く感謝申し上げます。	I deeply appreciate your support and cooperation. ※ ビジネスで企業としてお礼を言う場合、主語はWeになります。
ありがたいお申し出に感謝します。	Thank you for your gracious offer.
お時間をいただきありがとうございます。	Thank you for your time.
私のことを気にかけてくれてありがとう。	Thank you for thinking of me.
お気遣いに感謝します。	Thank you for your concern.

感謝の気持ちを伝える

温かいお言葉に感謝します。	I appreciate your warm words.
励ましに感謝します。	I appreciate your encouragement.
応援してくれてありがとう。	Thank you for rooting for me.
私を信じてくれてありがとう。	Thank you for believing in me.
正直に話してくれてありがとう。	Thank you for your honesty.
チャンスを与えてくれてありがとうございます。	Thank you very much for giving me a chance.
経験を共有していただき、ありがとうございます。	Thank you very much for sharing your experiences.
あなたのおかげで1日を気持ちよく締めくくれました。	You made my day.

誘い・招待に対するお礼

お招きいただきありがとう。	Thank you for having/inviting me.
誘ってくれてありがとう。	Thank you for asking me out. / Thank you for taking me out.
予約してくれてありがとう。	Thank you for making the reservation.
今日は本当にありがとう。	Thanks a lot for today.

今日は来てくれてありがとう。	Thank you for coming today.
素晴らしい料理/夕食をありがとう。	Thank you for the wonderful meal/dinner.
おもてなしをありがとう。	Thank you for your hospitality.
先日はどうもありがとうございました。	Thank you very much for the other day.

誘い・招待に対するお礼を言うときの関連表現

今日は楽しかったです。	I had a nice time today.
食事をとても楽しみました。	I enjoyed the meal very much.
また出かけましょう。	Let's go out again.
また遊びに来てください。	Please come again.
今度はうちに遊びに来てください。	Please come to my place next time.
この次は私にごちそうさせてください。	Let me treat you next time.
いらしていただけてよかったです。	I'm glad you could come.
来てよかったです。	I'm glad that I came.
近況が聞けてよかったです。	It was good to hear your updates.
元気そうでなによりです。	I'm glad to hear that you're doing well.
またここに来ましょう。	Let's come here again.

仕事関係のお礼

仕事を片付けてくれてどうもありがとう。	Thank you very much for finishing the work.
コピーをしてくれてありがとう。	Thank you for making the copies.
それらをプリントアウトしてくれてありがとう。	Thank you for printing them out.
操作の仕方を教えてくれてありがとう。	Thank you for showing me how to use it.
それを調べてくれてありがとう。	Thank you for checking it out.
資料作りを手伝ってくれてありがとう。	Thank you for helping me prepare the materials.
一緒に残業してくれてありがとう。	Thank you for working late with me.
いい仕事をしてくれて感謝しています。	I appreciate your good work.

情報や共有へのお礼

役立つ/貴重な情報をありがとう。	Thanks for the useful/valuable information.
いいレストランを教えてくれてありがとう。	Thank you for recommending a nice restaurant.
リンクを送ってくれてありがとう。	Thanks for sending me the link.
書類/画像を共有いただきありがとうございます。	Thanks for sharing the documents/images.

設定の仕方を教えてくれてありがとう。	Thanks for showing me how to set it up.
情報はとても役に立ちました。	The information was very helpful.

アドバイス・支え・友情・愛情に感謝する

アドバイスをありがとう。	Thank you for your advice.
率直な意見を聞かせてくれてありがとう。	Thank you for sharing your honest opinion.
忘れていたことを思い出させてくれてありがとう。	Thank you for reminding me.
話を聞いてくれてありがとう。	Thank you for listening to me.
支えてくれてありがとう。	Thank you for your support. / Thank you for supporting me.
とてもよくしてくれてありがとう。	Thank you for being so kind to me.
いい友達でいてくれてありがとう。	Thank you for being my good friend.

連絡に対するお礼を述べる

LINEしてくれてありがとう。	Thank you for texting. ※ LINEなどでメッセージを送ることを、本書ではtextという単語を使って表現しています（→p.375）。
電話をしてくれてありがとう。	Thank you for calling me.
メッセージをありがとう。	Thank you for your message.
Eメール / お手紙をありがとう。	Thank you for your email/letter.

素敵なカードをどうもありがとう。	Thank you very much for the nice card.
(早々の) お返事をありがとうございます。	Thank you very much for your (prompt) reply.
お忙しい中、お返事いただきありがとうございます。	Thank you very much for taking the time to reply.
書類をお送りいただき、ありがとうございます。	Thank you very much for sending the documents.
確かに受け取りました。	I have indeed received them.
取り急ぎお礼まで。 (メールなどで)	This is a quick note to thank you.

贈り物に対するお礼を述べる

▶ Track 036

ポイント

贈り物に関しては、「素敵・素晴らしい」を表すnice やlovelyなどの形容詞を使うと、贈り物に対する喜びの気持ちがいっそう伝わります。

贈り物に対するお礼を述べる

素敵な誕生日 / クリスマスプレゼントをありがとう。	Thank you for the nice birthday/Christmas present.
素敵な贈り物をありがとう。	Thank you for the lovely gift.
素敵なお土産をありがとう。	Thank you for the nice souvenir.
お中元 / お歳暮をありがとうございます。	Thank you very much for the nice summer/winter gift.

過分な卒業祝いをありがとうございます。（祝い金なども含む）	Thank you very much for the generous graduation gift.
素敵な結婚祝いをありがとうございます。	Thank you very much for the lovely wedding gift.
素敵な出産祝いをありがとうございます。	Thank you very much for the nice present for the baby.

贈り物をいただいたときの関連表現

プレゼント、たいへん気に入りました。	I liked the present very much.
贈り物をいただき、とても嬉しかったです。	I was very happy to receive the present.
家族みんな喜んでいます。	The whole family is delighted.
プレゼントをいただけて子供たちは大喜びです。	The kids were very happy to get the presents.
大切に使います。	I'll use it with loving care.
大事にします。	I'll treasure it.
最大限に活用します。	I'll make good use of it.
これは以前からほしいものでした。	I've wanted it from before.
いい記念になります。	I'll keep it as a remembrance.
いただいたお金は将来のために貯金します。	I'll save the money you gave me for the future.
そのお金は有効に使います。	I'll use the money wisely.

お礼に応える

▶ Track 037

どういたしまして。	You're welcome.
こちらこそ。	It was my pleasure. / My pleasure.
嬉しいのはこちらです。	The pleasure was all mine.
気に入って/楽しんでいただけてなによりです。	I'm glad you liked/enjoyed it.
お礼なんていいですよ。	Don't mention it.
お礼を言われるほどのことじゃないですよ。	It was nothing.
全然手間ではなかったから。	It was no trouble at all.
またいつでも言ってください。	Ask me anytime.
楽しんでやっているのですから。	I enjoy doing it.
(あなたの)助けになれば嬉しいです。	I'm happy to help (you).

基本的なお詫びの言葉

ポイント

例えば街で人とちょっとぶつかったときや、お店などで人の前を通るときなどは“Sorry.”ではなく、「失礼します」という意味で、“Excuse me.”を使います。“I'm sorry.”は「すまない・申し訳ない」気持ちを表し、“I apologize.”は改まって謝罪したいときに使います。また、“I'm sorry.”は「それは残念です」や訃報を聞いたときに「お気の毒に」などの意味でも使います。（→「お祝い・お悔やみの言葉」の章（p.92）を参照）

ごめん。	Sorry.
ごめんなさい。	I'm sorry.
本当にごめんなさい。	I'm so sorry. / I'm very sorry.
たいへん申し訳ありません。	I'm terribly/awfully sorry.
あやまります。	I apologize.
謝罪させてください。	Let me apologize.
お詫び申し上げます。	Please accept my apology.
許してください。	Forgive me.
そんなつもりではなかったんです。	I didn't mean to.
私が間違っていました。	It was wrong of me.
そのことについて悪いと思っています。	I feel bad about it.
心からお詫び申し上げます。	I offer you my sincere apology.

具体的な行為を詫びる

▶ Track 039

基本パターン

Sorry I'm late.	遅れてごめんなさい。
Sorry for the delay in my replying.	返事が遅れてごめんなさい。
Sorry to disturb you.	じゃまをしてごめんなさい。
I apologize for coming late.	遅刻したことをあやまります。

ポイント

1 あやまる場合、次の表現パターンがあります。
I'm sorry / Sorryのあとに、thatでつなげて「主語＋動詞」の文をそのまま続ける言い方。この場合、thatは省略できます。

2 "I'm sorry for＋名詞・動詞ing" "I apologize for＋名詞・動詞ing"という言い方。

3 "sorry to＋動詞"を用いた言い方。

4 また、"sorry about～"を使って、"I'm sorry about yesterday."「昨日はごめんなさい」のようにあやまることもできます。

待ち合わせに遅れたことをあやまる・その理由を説明する

遅れてごめんなさい。	Sorry I'm late. / Sorry for being late.
待たせてごめんなさい。	Sorry to have kept you waiting.

（待ち合わせなどに）行かなくて本当にごめんなさい。	I'm terribly sorry that I didn't show up.
直前にキャンセルしてごめんなさい。	Sorry for the last-minute cancellation.
急用が入ってしまって。	Something urgent came up.
緊急でした。	It was an emergency.
急に予定が変わってしまって。	My schedule suddenly changed.
仕事があって。	I had some work to do.
仕事が終わらなくて。	I couldn't finish the work.
会議を抜け出せなくて。	I couldn't leave the meeting.
残業になってしまって。	I had to work overtime.
電車に乗り遅れてしまって。	I missed the train.
道に迷ってしまって。	I got lost.
渋滞にはまってしまって。	I was caught in traffic.
あなたの携帯につながらなくて。	I couldn't get you on your cell phone.
留守電にメッセージを入れましたが、聞きましたか。	Did you get the message that I left on your answering machine?
LINEしましたが読んでくれましたか。	Did you read the text I sent you?

連絡しなかったことをあやまる・その理由を説明する

電話できなくてごめんなさい。	Sorry I couldn't call.

ご連絡が遅れて本当にごめんなさい。	I'm very sorry I couldn't contact you sooner.
LINEしなくてごめんなさい。	I'm sorry for not texting you.
メッセージを返さなくてごめんなさい。	Sorry for not texting you back.
返事が遅れてすみません。	I'm sorry for the delay in my replying.
ご無沙汰してすみません。	I'm sorry it has been a while.
忙しくて。	I've been busy.
仕事/学校が忙しかったので。	I was busy with work/school.
最近、体調が悪くて。	I haven't been feeling well lately.
電話の充電が切れていました。	The phone had run out of battery.
Wi-Fiが不安定でした。	The Wi-Fi was unstable.
通信障害がありました。	There was a communication failure.
電波状況が悪かったです。	The reception was poor.
メッセージに気がつきませんでした。	I didn't notice the message.

相手に迷惑をかけたことを詫びる

※ 手間をとらせて申し訳ない気持ちのフレーズは「何かを頼む・許可する・禁止する」の章（p.278）も参照。

じゃまをしてごめんなさい。	Sorry to disturb you. / Sorry for disturbing.

そのことを忘れてごめんなさい。	Sorry I forgot about it.
ミスしてしまってごめんなさい。	Sorry I made a mistake.
うっかり忘れてしまってごめんなさい。	Sorry it just slipped my mind.
ご面倒をおかけしてすみません。	I'm sorry for troubling you. / I'm sorry for the trouble.
お騒がせしてすみません。	I'm sorry for the fuss/confusion/causing you trouble.
忙しいのにご面倒をおかけし、本当にすみません。	I'm so sorry for bothering you when you're busy.
予約を忘れてしまい申し訳ありません。	I'm very sorry I forgot the appointment.

相手の気持ちを傷つけたことをあやまる・その理由を説明する

先日言ったことをお詫びします。	I apologize for what I said the other day.
きついことを言って本当にごめんなさい。	I'm so sorry for saying such harsh things.
あなたの気持ちを傷つけてごめんなさい。	I'm sorry for hurting your feelings.
言いすぎました。	I went too far.
傷つけるつもりはありませんでした。	I didn't mean to hurt you.
疲れてイライラしていました。	I was tired and irritated.
大げさに反応してしまいました。	I overreacted.
八つ当たりをしてごめんなさい。	Sorry for taking it out on you.

黙っていてごめんなさい。	Sorry for not telling you.
嘘をついてごめんなさい。	Sorry for lying.
あなたを無視するつもりはなかったです。	I didn't mean to ignore you.
心配をかけたくなかったので黙っていました。	I didn't tell you because I didn't want to make you worry.
私が不注意でした。	I was careless.
私のミスです。	It was my mistake.

「ごめんなさい」と言われたら

▶ Track 040

別にいいですよ。	That's okay. / It's okay.
気にしないで。	Don't worry. / Never mind.
わかりました。	All right.
謝罪を受け入れます。	I accept your apology.
あやまらなくてもいいですよ。	You don't have to say you're sorry. / You don't have to apologize.
別にいいです。気持ちはわかりますから。	It's okay. I understand.
許しますから、心配しないで。	I forgive you, so don't worry.
もう気にしていません。	It's not bothering me anymore.
そんなことはもう忘れました。	I've already forgotten about it.

私も間違っていました。 I was wrong, too.

私も悪かったです。 It was my fault, too.

基礎 08 自分の日常について話す

Talking about your daily activities

日々の過ごし方をたずねる・答える

基本パターン

Q What do you do every day? 毎日、何をしますか。

A I work every day. 毎日、仕事をします。

ポイント

1 習慣的な行動は、動詞の現在形で表現します。「彼・彼女」のときは、3単現のs（→p.43）を忘れないようにしましょう。

I/You/We/They work. 「～は仕事をします」
He/She works.

2 疑問文は以下のようになります。「彼・彼女」のとき、do → does になることに注意しましょう。

What | do you/we/they / does he/she | do every day?
「毎日、何をしますか」

3 基本的な時間帯の言い方（→p.57）

午前中：in the morning　毎朝：every morning
午後：in the afternoon　毎日午後：every afternoon
晩：in the evening　毎晩：every evening
夜：at night　毎夜：every night

4 曜日の前にはonがつきます。(→p.57)

on + Monday/Tuesday/Wednesday/Thursday/Friday
/Saturday/Sunday

ただし、every Monday「毎週月曜」のようにeveryがつくとき、onは必要ありません。

1日の行動パターンをたずねる

▶ Track 041

あなたは午前中、何をしますか。	What do you do in the morning?
通勤/通学時間は何をして過ごしますか。	What do you do while you commute to work/school?
昼食はだいたいどこで食べますか。	Where do you usually eat lunch?
午後、何をしますか。	What do you do in the afternoon?
夜、たいてい何をしますか。	What do you usually do in the evening?
仕事/学校のあと何をしますか。	What do you do after work/school?
寝る前、何をしますか。	What do you do before bed?

日々の行動について話す

朝、目覚める・起きる

ポイント

1. wake upは「目を覚ます」、get upは「ベッドや布団から出て起きる」ことを表します。
2. スマホはsmartphoneですが、会話ではmy phone（私の電話）もよく使われます。

スマホのアラームで起きます。	I wake up with the alarm on my phone.
スヌーズ中にうとうとします。	I doze off during snooze.
起きてすぐにスマホの通知をチェックします。	I check notifications on my phone as soon as I wake up.
ときどき、二度寝してしまいます。	Sometimes I go back to sleep.
たまに寝坊します。	I sometimes oversleep.

朝、身じたくを整える

私は起きて顔を洗います。	I wake/get up and wash my face.
歯をみがいてから着替えます。	I brush my teeth and change my clothes.
朝食の前にシャワーを浴びます。	I take a shower before breakfast.
メイクをします。	I put on make up.
ひげを剃ります。	I shave.
髪をセットします。	I do my hair.

寝ぐせを直します。	I fix my bedhead/messy hair.

朝食

私は毎日朝食を食べます。	I eat breakfast every day.
朝はパン/ごはんを食べます。	I eat bread/rice for breakfast.
簡単な朝食を食べます。	I have a simple breakfast. / I have a light breakfast.
朝はコーヒーだけで済ませます。	I just have a cup of coffee in the morning.
時間がないので、朝食は抜きます。	I skip breakfast because I don't have time.

朝の習慣・朝の活動（朝活）

インターネットラジオを聴きます。	I listen to the Internet radio.
ＮＨＫラジオの語学番組を聴きます。	I listen to NHK radio language programs.
ＳＮＳをチェックします。	I check social media.
インターネットでニュースをチェックします。	I check the news on the Internet.
テレビ/スマホで天気予報をチェックします。	I check the weather forecast on TV/my smartphone.
朝のドラマシリーズを見ます。	I watch the morning drama series.
ヨガをします。	I do yoga.
ジョギングをします。	I go jogging.

子供の世話

息子 / 娘 / 子供たちを起こします。	I wake up my son/daughter/kids.
息子 / 娘 / 子供たちの昼食を作ります。	I make my son's/daughter's/kids' lunch.

ペットの世話

猫 / 犬にごはんをあげます。	I feed my cat/dog.
猫用トイレの掃除をします。	I clean the cat's litter box.
犬の散歩に行きます。	I walk my dog.

スケジュール管理

その日の予定をチェックします。	I check the day's schedule.
その日のto-doリスト / タスクをチェックします。	I check the to-do list /day's tasks.
私は紙の手帳を使っています。	I use a paper planner.
紙の手帳が一番使いやすいです。	Paper organizers are the easiest to use.

通勤・通学

歩いて駅に行きます。	I walk to the station.
自転車 / バイクで駅に行きます。	I ride the bicycle/motorbike to the station.
電車で仕事に行きます。	I take a train to work.
ときどき車で仕事に行きます。	I sometimes drive to work.

電車とバスで学校に行きます。	I take a train and a bus to school.
妻が駅まで車で送ってくれます。	My wife drives me to the station.
夫を車で駅まで送ります。	I drive my husband to the station.
私は渋滞を避けるために早めに出ます。	I leave early to avoid traffic jams.
ラッシュアワーを避けるために家を早く出ます。	I leave home early to avoid rush hour.
急行電車を利用します。	I use the express trains.
ときどきグリーン車を利用します。	I sometimes use the Green Car of the train.
電車では横浜から座れます。	I can sit on the train from Yokohama.
始発の電車を待って、座って通勤しています。	I wait for the first train so that I can sit when I go to work.

通勤・通学中の過ごし方

車を運転しながら、インターネットラジオを聴きます。	I listen to the Internet radio while I drive.
私はオーディオブックを聴きます。	I listen to audiobooks.
語学アプリで英単語を覚えます。	I memorize English words with language apps.
スマホでゲームをします。	I play games on my phone.

スマホ/タブレットにダウンロードした映画を見ます。	I watch movies downloaded to my smartphone/tablet.
友達とLINEでチャットします。	I chat with friends on LINE.

家事

朝食/昼食/夕食のしたくをします。	I prepare breakfast/lunch/dinner.
食事の後片付けをします。	I clear the table.
テーブルをふきます。	I wipe the table.
お皿を洗います。	I wash the dishes.
お皿をしまいます。	I put away the dishes.
ゴミを出します。	I take out the garbage.
ゴミの分別をします。	I sort my garbage.
燃えるゴミの日は月曜日と木曜日です。	Burnable trash days are Mondays and Thursdays.
家の掃除をします。	I clean the house.
掃除機をかけます。	I vacuum the house.
お掃除ロボットを使います。	I use a cleaning robot/robot vacuum.
窓掃除は業者に頼みます。	I hire a contractor to clean my windows.
玄関の掃除は念入りにします。	I clean the entrance carefully.
空気清浄機をつけます。	I turn on the air purifier.
洗濯をします。	I do the laundry.

植物に水をやります。	I water the plants.
外を掃きます。	I sweep outside.
食材の買い出しに出かけます。	I go grocery/food shopping.
野菜の宅配サービスを利用しています。	I use a vegetable delivery service.
お風呂を沸かします。	I fill the tub.

介護

父/母/両親の介護をします。	I take care of my father/mother/parents.
父の食事の手伝いをします。	I help my father with his meals.
母を入浴させます。	I bathe my mother.
義理の母のオムツを替えます。	I change my mother-in-law's diapers.
義理の父をデイケアセンターに連れて行きます。	I take my father-in-law to the day care center.
水曜日と金曜日にヘルパーさんが来てくれます。	A helper comes on Wednesdays and Fridays.
家族で交代して両親の世話をしています。	My family members take turns taking care of our parents.

職場で：日常業務

私はEメールをチェックします。	I check my emails.
Eメールの返信をします。	I reply to emails.

事務仕事をします。	I do paperwork. / I do general office work.
コピーをとります。	I make copies.
コンピューターにデータを入力します。	I input the data in the computer.
PowerPointでプレゼンの資料を作成します。	I create a PowerPoint presentation.
企画書を作成します。	I write a proposal.
会議の資料をまとめます。	I prepare materials for the meeting.
打ち合わせをします。	I attend meetings.
午前中にスタッフ会議があります。	There is a staff meeting in the morning.
チームでウェブ会議をします。	I have a web conference with my team.
（海外の）クライアントと打ち合わせをします。	I have a meeting with the (overseas) client.
データをクラウドでスタッフ / チームと共有します。	I share data with my staff/ team in the cloud.
インターネットで情報収集をします。	I gather information on the Internet.
上司にプロジェクトの進行状況を報告します。	I report to my supervisor on the progress of the project.
マーケティングリサーチをします。	I do marketing research.
顧客アンケートをとります。	I take customer surveys.
データの見直しをします。	I double-check the data.

得意先を回ります。	I visit my customers and clients.
クライアントの要望を検討します。	I review client requests.

学校で：小中高生

毎朝、朝礼/道徳/ホームルームがあります。	We have morning assembly/morals/homeroom every morning.
1日6教科勉強します。	I study 6 subjects a day.
水曜日は5時間授業です。	On Wednesdays, we have 5 classes.
50分授業です。	Classes are 50 minutes long.
タブレット/パソコンを用いた授業があります。	We have classes using tablets/computers. ※「パソコン」はcomputerやPCと言います。
各生徒にタブレットが1台配られています。	Each student is given a tablet.
学生はタブレットを使ってプレゼンをします。	Students make presentations using tablets.
私は授業でノートをたくさん取ります。	I take a lot of notes in class.
毎学期、テストがあります。	I have a test every semester.
毎週、小テストあります。	I have a quiz every week.
宿題を提出します。	I hand in my homework.
図書館で勉強します。	I study at the library.
昼休みは45分です。	Lunch break is 45 minutes.

掃除の時間があります。	We have cleaning time.

部活動

放課後はクラブ活動があります。	I have club activities after school.
野球 / バスケ / サッカー部の朝練があります。	I have morning practice for baseball/basketball/soccer club.
吹奏楽の練習があります。	We have brass band practice.
私は部活を引退しました。	I've retired from club activities.

校風

私の学校は規則が厳しいです。	My school has strict rules.
私の学校は自由な校風です。	My school has a liberal school spirit.
制服があります。	We have uniforms.
私の学校は英語 / 部活に力を入れています。	My school puts a lot of emphasis on English/club activities.
オーストラリア / カナダの英語研修があります。	We have English training programs in Australia/Canada.
進路指導がしっかりしています。	We have good academic and career guidance.

大学生活

私は毎日、講義に出席します。	I attend lectures every day.
授業はサボりません。	I never cut classes.
私はときどき授業をサボります。	I sometimes cut classes.
週8コマの授業があります。	I have 8 classes a week.
1限から4限まであります。	I have classes from 1st to 4th period.
私たちの必修科目は英語です。	Our compulsory subject is English.
私の選択科目は心理学です。	My elective is Psychology.
ノートはタブレット/サーフェイスでとります。	I take notes on a tablet/Surface.
レポート/課題を（メールで）提出します。	I submit reports/assignments (via email).
サークル活動を楽しんでいます。	I enjoy club activities. ※「サークル活動」はclub activitiesで表現することができます。
私たちは対面/オンライン/ハイブリッドで授業があります。	We have face-to-face/online/hybrid classes.
私は講義のあとはアルバイトをします。	I have a part-time job after lectures.

昼食・休憩時間

昼食は家でとります。	I eat lunch at home.
学食/社員食堂で昼食を食べます。	I eat lunch at the school/company cafeteria.

カフェによく行きます。	I often go to a café.
会社の近くのレストランで昼食をとります。	I eat lunch at a restaurant near the office.
ファストフード店で昼食をとります。	I eat lunch at a fast food restaurant.
仕事/学校にお弁当を持って行きます。	I take a lunch box to work/school.
コンビニで昼食を買います。	I buy lunch at a convenience store.
休憩中、おやつを食べます。	I eat snacks during my break.
少し昼寝をします。	I take a little nap.

銀行・郵便局・公共料金の支払い

銀行/郵便局に行きます。	I go to the bank/post office.
銀行で支払いをします。	I go to the bank to pay the bills.
自分の口座に入金します。	I deposit some money in my account.
ネットバンキングを利用しています。	I use online banking.
家から出入金を確認します。	I check deposits and withdrawals from home. ※depositは「預け入れ」、withdrawalは「引き出し」の意。
コンビニで公共料金の支払いをします。	I pay utility bills at a convenience store.
郵便振替用紙を使って郵便局で支払いを行います。	I pay bills at the post office using a postal transfer form.

学習・塾・子供の送り迎え

宿題をします。	I do my homework.
英語/数学の勉強をします。	I study English/math.
英語のオンラインレッスンを受けます。	I take online English lessons.
塾に行きます。	I go to cram school.
塾に行っている息子/娘の送り迎えをします。	I drop off and pick up my son/daughter from cram school.
学童にいる息子/娘を迎えに行きます。	I pick up my son/daughter from the after-school facility center.

仕事のあと、夜の時間の過ごし方

たいてい残業します。	I usually work overtime.
夕食はたいてい外で済ませます。	I usually eat dinner out.
仕事のあと、飲みに行きます。	I go drinking after work.
帰りは遅いです。	I come home late.
仕事が終わったらまっすぐ家へ帰ります。	I go straight home after work.
家族と夕食を食べます。	I eat dinner with my family.
夕食を食べながら家族にその日の話をします。	I talk to my family about my day over dinner.
テレビでスポーツ/ドラマ/バラエティー番組を見ます。	I watch sports/dramas/comedies on TV.

ビールを飲んでリラックスします。	I drink beer and relax.
夕食後、お風呂に入ります。	I take a bath after dinner.

リラックス

ゆっくりとお風呂に入ります。	I take a long bath.
首と肩のマッサージをします。	I massage my neck and shoulders.
湯船でマッサージをします。	I massage myself in the bathtub.
スキンケアをします。	I do skin care.
ストレッチをします。	I stretch.
アロマをたきます。	I burn essential oils.
その日の振り返りをします。	I reflect on the day.

家族との時間

息子と遊びます。	I play with my son.
子供たちに絵本を読みます。	I read picture books to my kids.
娘と一緒に宿題をします。	I do homework with my daughter.
夫 / 妻と語らいます。	I talk with my husband/wife.

ナイトルーティン

日記を書きます。	I write in my journal.
翌日のスケジュール / 予定を確認します。	I check my schedule/plan for the next day.

Twitter/インスタの「いいね」を返します。	I return Twitter/Instagram likes.
寝る前に音楽を聴きます。	I listen to music before I go to bed.
寝る前に本を読みます。	I read before I go to bed.

休日/余暇の過ごし方をたずねる・答える

▶ Track 043

基本パターン

Q What do you do on weekends? あなたは週末に何をしますか。
How do you spend your weekends? 週末はどのように過ごしますか。

A I go shopping on weekends. 週末は買い物に行きます。

ポイント

1 休日・余暇を通常どう過ごすかをたずねるとき・答えるときも動詞の現在形を用います。「曜日」の前とweekend(s)「週末」の前にはonがつきます。また、「いつも」「ときどき」など、頻度を表す言葉を使って答えることも多いです。

I	always（いつも）	go shopping.
You	usually（だいたい・たいてい・ふつうは）	go shopping.
He	often（よく）	goes shopping.
She	sometimes（ときどき・たまに）	goes shopping.
We	rarely/hardly（あまり・めったに）	go shopping.
They	never（ぜんぜん・まったく）	go shopping.

2 hardly/neverは否定を表します。

Do you go out on weekends? 「週末は外出しますか」

No, I hardly/never go out.
「いいえ、めったに/まったく外出しません」

週末・休みの日・余暇の過ごし方をたずねる

あなたは週末に何をしますか。	What do you do on weekends?
自由な時間に何をしますか。	What do you do in your free time?
休みの日はどのように過ごしますか。	How do you spend your day off?
夏休みはどのように過ごしますか。	How do you spend your summer vacation?
クリスマスはどのように過ごしますか。	How do you spend your Christmas?
お正月休みはどのように過ごしますか。	How do you spend your New Year's Holiday?

仕事をする・しない

私は休みの日にたまに仕事をします。	I sometimes work on my day off.
平日休みなので週末はいつも仕事です。	I always work on weekends since I have weekdays off.
週末はアルバイトに行きます。	I go to my part-time job on the weekend.
雑務を片付けます。	I get the chores done.

私は週末に仕事はしません。	I don't work on weekends.

家にいる

たいていは家にいてのんびりします。	I normally stay home and take it easy.
身体を休めます。	I rest my body.
ゲームをします。	I play video games.
見逃したドラマをまとめて見ます。	I binge-watch dramas I have missed.
勉強/宿題に集中します。	I concentrate on my studies/homework.
庭の手入れをします。	I tend to my garden.
休みの日は家族/子供たちと過ごします。	I spend time with my family/children on my day off.

外出する

休みの日に家にいることはありません。	I rarely stay home on my day off.
週末はだいたい出かけます。	I usually go out on weekends.
たいてい買い物に行きます。	I usually go shopping.
ときどき映画を見に行きます。	I sometimes go to the movies.
よく友達と出かけます。	I often go out with my friends.
友達とコーヒーを飲みに行きます。	I go and have a cup of coffee with my friend.

友達とカラオケに行きます。	I go to karaoke with my friends.
週末はボーイフレンド/ガールフレンドと一緒に過ごします。	I spend my weekends with my boyfriend/girlfriend.
よくジムに通ってトレーニングをします。	I often go to the gym to work out.

旅行・帰省・季節のイベント

私は夏休みにいつも旅行をします。	I always take a trip during my summer vacation.
お盆休みに祖父母の家を訪れます。	I visit my grandparents during Obon holiday.
家族/友達とクリスマスパーティーをします。	My family/friends and I have a Christmas party.
年末休みは実家に帰ります。	I go back to my parents' house during the year-end holiday.
お正月休みはだいたい義理の両親/親戚を訪れます。	I usually visit my in-laws/relatives during the New Year holidays.

心がけていること

▶ Track 044

基本パターン

I try to exercise every day.	私は毎日運動をするように心がけています。
I try not to sleep late.	私は夜更かししないようにしています。

ポイント

1 心がけていることは“I try to＋動詞”で表現します。文末に every day（毎日）、regularly（定期的に）、as much as possible（できるだけ）を持ってきて頻度を表します。

2 「～しないようにしています」と言いたいときは、“I try not to＋動詞”を使います。

規則正しい生活をするようにしています。	I try to keep a steady routine.
栄養のバランスが取れた食生活をするように心がけています。	I try to eat nutritious food.
毎日野菜をたくさん取るように心がけています。	I try to eat a lot of vegetables every day.
オーガニックな食材にこだわっています。	I try to stick to organic foods.
グルテンフリーを心がけています。	I try to stay gluten-free.
腹八分目を心がけています。	I try not to overeat.
ジャンクフード / 脂っこいものをできるだけ避けるようにしています。	I try to avoid junk/fatty food as much as possible.
お酒を飲みすぎないように注意しています。	I try not to drink too much.
定期的に軽い運動をするように心がけています。	I try to do simple exercises regularly.
できるだけ自分の時間を持つように心がけています。	I try to have my own free time as much as possible.

自分の好きなことをやるようにしています。	I try to do the things I like.
働きすぎないようにしています。	I try not to overwork.
物事をマイペースでするように心がけています。	I try to do things at my own pace.
ストレスをできるだけためないようにしています。	I try to get rid of stress as much as possible.
寝る前にスマホ/ニュースを見ないようにしています。	I try not to look at my phone/news before bed.
オンとオフを切り替えるようにしています。	I try to be completely off when I'm not working.
私は嫌なことがあっても引きずらないようにしています。	I try not to let bad things drag me down.

行動の頻度をたずねる・答える

▶ Track 045

基本パターン

Q **How often do you travel?** どれくらいひんぱんに旅行をしますか。

A **I travel every month.** 毎月旅行をします。

ポイント

頻度をたずねるときの基本表現は、"How often do you＋動詞?"です。答えるときは、文末に頻度を持ってきて説明します。

頻度を表す言い方

毎日	every day
1日おき	every other day
1日1度	once a day
3日に1度	every three days
毎週	every week
週に1度	once a week
週に2度	twice a week
週に3度	three times a week
毎月	every month
月に1度	once a month
月に2度	twice a month
月に3度	three times a month
3か月に1度・3か月おき	every three months
1か月おき	every other month
毎年	every year
年に1度	once a year
年に2度	twice a year
年に3度	three times a year

行動の頻度をたずねる

あなたはどれくらいひんぱんに：

ボーイフレンド/ガールフレンドに会いますか。 How often do you see your boyfriend/girlfriend?

実家に帰りますか。	How often do you visit your parents?
運動をしますか。	How often do you exercise?
健康診断に行きますか。	How often do you go for a medical/health checkup? ※「健康診断」はmedical checkupやhealth checkupを使って表現できます。
歯医者に行きますか。	How often do you go to the dentist?

行動の頻度を説明する

私は毎週、ボーイフレンド / ガールフレンドに会います。	I see my boyfriend/girlfriend every week.
私は年2回、実家に帰ります。	I visit my parents twice a year.
私は1日おきに運動をします。	I exercise every other day.
私は年に1度健康診断を受けます。	I go for a health/medical checkup once a year.
私は半年に1度歯医者に行きます。	I go to the dentist every 6 months.

1日のスケジュールについてたずねる・答える | ▶ Track 046

基本パターン

Q What time do you wake up? あなたは何時に起きますか。

A I wake up at 6 o'clock. 6時に起きます。

ポイント

1 「何時に〜をしますか」とたずねるときは、“What time do you＋動詞?”を使います。

2 「〜時に〜をします」は“I＋動詞＋at＋時間”で説明します。

3 「仕事/学校は〜時に始まる/終わる」ことを伝えるときは、“Work/School starts/finishes at＋時間”のかたちを使います。
（→「日時と曜日」の章（p.61）も参照）

1日のスケジュールをたずねる

あなたは何時に起きますか。	What time do you wake/get up?
何時に家を出ますか。	What time do you leave home?
何時の電車に乗りますか。	What time do you catch the train?
仕事/学校は何時に始まりますか。	What time do you start work/school?
何時に昼食をとりますか。	What time do you eat lunch?
仕事/学校は何時に終わりますか。	What time do you finish work/school?
何時に家に着きますか。	What time do you get home?
何時に夕食をとりますか。	What time do you eat dinner?
何時に寝ますか。	What time do you go to bed?

1日のスケジュールを説明する

6時半に起きます。	I wake/get up at 6:30
7時半に家を出ます。	I leave home at 7:30.
仕事/学校は8時半に始まります。	Work/School starts at 8:30.
12時15分ごろ昼食を食べます。	I eat lunch at about a quarter past twelve.
仕事/学校は6時に終わります。	I finish work/school at 6:00.
8時前に家に着きます。	I arrive home before 8:00.
9時ごろ夕食を食べます。	I eat dinner around 9:00.
夜の12時ごろ寝ます。	I go to bed around midnight.

基礎 09

進行中の行動・状態を説明する

Actions in progress

現在進行している行為・行動についてのやりとり

基本パターン

Q What are you doing now? あなたは今、何をしていますか。

A I am working. 仕事をしています。

ポイント

1 「〜している」「〜している最中」「〜しているところ」と伝えたいときは、現在進行形を使って、"主語 + be動詞 + 動詞ing"で表現します。

I am studying. 「私は勉強しています」(I am = I'm)

He/She is cleaning. 「彼/彼女は掃除をしています」
(He is = He's / She is = She's)

We are working. 「私たちは仕事をしています」
(We are = We're)

2 相手が今、何をしているのか聞きたいときは、"What are you doing?"とたずねます。「彼/彼女」の場合は、"What is (=What's) he/she doing?"になります。

3 現在進行形を使って、すでに決まっている近い未来の予定や計画を表すことができます。(→「未来・今後の予定について話す」の章(p.150)を参照)

I'm having a party tomorrow. 「明日、パーティーをします」

今、相手や人が何をしているかをたずねる

▶ Track 047

あなたは今、何をしていますか。	What are you doing now? / What are you doing right now?
健は今、何をしていますか。	What is Ken doing now?
彼らは今、何をしていますか。	What are they doing now?

今、自分がしていることを説明する

▶ Track 048

家で：食事と家事

私は朝食を食べているところです。	I'm eating breakfast. / I'm having breakfast.
昼食を食べているところです。	I'm eating lunch. / I'm having lunch.
夕食を食べているところです。	I'm eating dinner. / I'm having dinner.
ちょうど夕食後のコーヒーを飲んでいるところです。	We're just having coffee after dinner. ※ 夫婦・家族で食事をしているときはWeを使います。
1杯飲んでいるところです。	I'm having a drink.
朝食/昼食/夕食の準備をしているところです。	I'm preparing/cooking breakfast/lunch/dinner.
家の掃除をしているところです。	I'm cleaning the house.

家でくつろいでいる・人が来ている

ただくつろいでいるところです。	I'm just relaxing. / Just relaxing.
特に何もしていません。	I'm doing nothing in particular. / Nothing in particular.
休憩しているところです。	I'm taking a break.
テレビを見ています。	I'm watching TV.
NHKでおもしろい番組を見ています。	I'm watching an interesting program on NHK.
Netflix/Prime Videoで映画/ドラマを見ているところです。	I'm watching a movie/drama on Netflix/Prime Video.
YouTubeの動画を見ているところです。	I'm watching a video on YouTube.
ゲームをしているところです。	I'm playing a video game.
本を読んでいます。	I'm reading a book.
音楽を聴いています。	I'm listening to music.
子供たちと遊んでいます。	I'm playing with my children.
今、お客様がいらしているところです。	We're having some guests now.
友達が来ているところです。	I'm having my friends over. / My friends are here.

勉強中

勉強中です。	I'm studying.

試験勉強中です。	I'm studying for the test(s).
受験勉強をしています。	I'm studying for the entrance exams.
宿題をしています。	I'm doing my homework.
授業の作文を書いています。	I'm writing an essay for my class.
理科のレポートを書いているところです。	I'm writing a science report.
英検の勉強をしているところです。	I'm studying for the Eiken test.

職場で

ポイント

1. 共同作業の場合の主語はweを使います。
2. 「打ち合わせ中です」は"主語＋be動詞＋in a meeting."を使います。

私は打ち合わせ中です。	I'm in a meeting.
オンライン会議中です。	I'm in an online meeting.
私たちは今、それに取り組んでいるところです。	We're working on it now.
現在、それを検討中です。	We're going over it now.
それを調査中です。	We're looking into it.
それを確認中です。	We're checking it.
予定を確認中です。	We're checking the schedule.

価格を確認中です。	We're checking the price.
スケジュール調整をしているところです。	We're arranging the schedule.
ABCと交渉中です。	We're negotiating with ABC.
相手の返事を待っています。	We're waiting for their reply.
すべてが順調か確認しているところです。	We're making sure that everything is okay.
トラブルがないように確かめているところです。	We're making sure that there is no trouble.
リサーチ中です。	We're researching. / Research is underway.
見積もりを作成中です。	We're preparing estimates. / Estimates are being prepared.
プレゼンの資料を作成中です。	We're preparing materials for the presentation.
クライアントの要望を確認しているところです。	We're confirming the client's request.
ユーザーの意見をまとめているところです。	We're summarizing users' opinions.
データ/システムは移行中です。	The data/system is being transferred/migrated/moved.

作業のはかどり具合をたずねる・答える

▶ Track 049

基本パターン

Q	How is it going?	うまくいっていますか？
A	It's going well.	順調です。

ポイント

1 現在進行形を使って、作業の進行状況について話すことができます。物事の進み具合をたずねるときは "How is/are＋名詞＋going?" を使います。

2 相手の作業がはかどっているかどうかを聞きたいときは "How are you doing with＋名詞?" とたずねます。

3 「うまくいっています」の基本表現は "It's going well." です。

進行状況をたずねる

うまくいっていますか。	How is it going?
仕事ははかどっていますか。	How is your work going?
勉強は進んでいますか。	How are you doing with your studies?
すべてうまくいっていますか。	How is everything going?
企画は進んでいますか。	How is the project coming along? ※ "come along" は「進む」の意。
交渉はどんな感じで進んでいますか。	How is the negotiation going?
就職活動はどうですか。	How is your job search/hunting going?
婚活はどうですか。	How is your marriage search/hunting/matchmaking activity going?
英検/TOEIC対策は進んでいますか。	How is your preparation for the Eiken test/TOEIC test going?

リフォームは進んでいますか。	How is your remodeling going?

進行状況を答える

順調です。	It's going well.
すべては予定通りに進んでいます。	Everything is going as planned.
思ったよりうまくいっています。	It's going better than I expected.
思ったより早く進んでいます。	It's going faster than I expected.
スムーズにいっています。	It's going smoothly.
あまりうまくいっていません。	It's not going very well.
なかなか進みません。	It's taking a lot of time.
思ったより時間がかかっています。	It's taking more time than I expected.
私はマイペースでやっています。	I'm working at my own pace.
ベストをつくしています。	I'm doing my best.
できるだけ速くやっています。	I'm working as fast as I can.
てこずっています。	I'm having a difficult time.
苦戦しています。	I'm struggling through.

現在の自分の職業・学業・状況について説明する | ▶ Track 050 |

ポイント

1 たとえ話している最中・瞬間ではなくても、特定の行動が話している時期と同時進行しているとき、現在進行形を使って、その状況を説明することができます。

I'm studying English in college.
「私は(現在)大学で英語を勉強しています」

2 現在進行形の"I'm working for ABC."も、現在形の"I work for ABC."も、どちらも「ABCに勤めている」ということを表します。現在形はその行動・行為が「定着した習慣」であることを表すのに対し、進行形は「今現在、それが行われている」ということを強調します。

3 「〜することを考えている」と伝えたいときは、"I'm thinking of＋動詞ing"、「〜を探している」は"I'm looking for〜"を使います。

私は勤めています。	I'm working.
在宅で働いています。	I'm working from home.
自分に合った働き方を模索しています。	I'm looking for a work style that suits me.
時間の自由が利く仕事を探しています。	I'm looking for a job with flexible hours.
専門学校に通っています。	I'm going to a technical/vocational school.
予備校に通っています。	I'm going to a preparatory school for college.

大学入試に向けて準備しています。	I'm preparing for the university entrance exams.
大学で経済学を専攻しています。	I'm majoring in economics in college.
就職活動中です。	I'm looking for a job. / I'm doing job hunting.
エントリーシートを書いています。	I'm writing job applications.
企業にエントリーシートを送っています。	I'm sending out job applications to companies.
企業への志望動機をまとめています。	I'm summarizing my reasons for applying to a company.
企業説明会/セミナーに参加しています。	I'm attending a company orientation/seminar.
インターンシップに参加しています。	I'm participating in an internship program.
仲間と情報交換しています。	I'm exchanging information with my peers.
転職することを考えています。	I'm thinking of changing jobs.
引っ越しを考えています。	I'm thinking of moving.
通訳になるために勉強中です。	I'm studying to become an interpreter.
(介護の)資格を取るために勉強中です。	I'm studying for the qualifying test (to be a caregiver).

（公務員になるための）国家試験に向けて勉強中です。	I'm studying for the national exam (to become a government employee).
留学するために今、アルバイトをしてお金を貯めています。	I'm working part-time to save money to study abroad.

今、やっていること・習い事などについて話す　▶ Track 051

基本パターン

I'm taking English lessons.　私は英語のレッスンを受けています。
I'm studying English conversation.
私は英会話を勉強しています。

ポイント

1 「～のレッスンを受けている」の基本表現は "I'm taking＋名詞＋lessons." です。

2 「～を習っている・勉強している」は "I'm learning/studying＋名詞" になります。learnは「（技術や知識を）習得する」という意味合いを持ち、studyは「学ぶ・学習する」ことを表します。

語学

私は英語のプライベートレッスンを受けています。	I'm taking private English lessons.
英語のグループレッスンを受けています。	I'm taking group lessons in English.

英語のオンラインレッスンを受けています。	I'm taking online English lessons.
ネイティブスピーカーと話すことを楽しんでいます。	I'm enjoying speaking with native speakers.
アプリで英語を勉強しています。	I'm studying English using an app.
英語の文法を集中的に勉強しています。	I'm studying English grammar intensively.
イタリア語を独学で学んでいます。	I'm studying Italian on my own.

スキル習得

教習所に通っています。	I'm going to a driving school.
動画編集を学んでいるところです。	I'm learning video editing.
オンラインコースでプレゼンスキルを学んでいるところです。	I'm learning presentation skills through an online course.

スポーツ・楽器・趣味

友達とテニスのレッスンを受けています。	I'm taking tennis lessons with my friends.
近くのスポーツクラブで水泳のレッスンを受けています。	I'm taking swimming lessons at a nearby sports club.
歌/ダンスのレッスンを受けています。	I'm taking singing/dance lessons.
ピアノ/ギターのレッスンを受けています。	I'm taking piano/guitar lessons.

カルチャーセンターで絵の講座を受けています。	I'm taking a painting course at a culture center.
料理教室に通っています。	I'm going to cooking class.

サービスの提供

顧客にメールマガジンを配信しています。	I'm sending out email newsletters to my customers.
オンラインサロン/コミュニティーに参加しています。	I'm participating in an online salon/community.
オンラインで自分のサービスを提供しています。	I'm offering my own service online.
自分が使わない物をメルカリに出品中です。	I'm selling items I don't use on Mercari.

基礎
10 未来・今後の予定について話す

Talking about future plans

未来の予定についてたずねる・話す

基本パターン

Q What are you going to do tomorrow? 明日、何をしますか。

A I'm going to see my friend. 友達に会います。

ポイント

1 自分の未来の予定について話すときは "I'm going to +動詞" を使って表現します。

2 また、現在進行形の "主語+be動詞+動詞ing" を使って今後の予定を説明することもできます。これはすでに決まっている近い未来の予定を伝えるときに使います。(→p.138)

I'm having dinner with my friend this evening.
「今晩、友達と夕飯を食べます」(すでに友達と予定を立てている)

3 「～に行く」を表すgoを使った表現は次のとおりです。

I'm going to go to Ginza.「私は銀座に行きます」
(未来形を使って、予定を話している)
I'm going to Ginza.「私は銀座に行きます/向かっています」
(現在進行形を使って、決まっている近未来の予定を話している、もしくは今銀座に向かっている状態)

4 「〜と一緒に行く」と言う場合は、「with＋一緒に行く人」を文末に持ってくるか、「一緒に行く人＋自分」を文頭に持ってきて表現します。

I'm going shopping with my friend.
My friend and I are going shopping.
「友達と買い物に行きます」
（両方可：2文目は主語が複数になるので、be動詞はareを使います）

予定をたずねる

▶ Track 052

あなたは今晩、何をしますか。	What are you doing tonight?
今週末、何をしますか。	What are you going to do this weekend?
週末3連休の予定はありますか。	Do you have any plans for the three-day weekend? ※ "Yes, I do." "No, I don't." で答えます。
今年の夏、何をしますか。	What are you doing this summer?
冬休みは何をしますか。	What are you going to do during the winter break?
クリスマスはどのように過ごしますか。	How are you going to spend your Christmas?
お正月はどのように過ごしますか。	How are you going to spend the New Year?
誰と行きますか。	Who are you going with?
どこへ行きますか。	Where are you going?

予定について話す

▶ Track 053

ポイント

「横浜に行く」など、場所を示すときはgoのあとにtoをつけますが、「買い物に行く」「泳ぎに行く」のように行為を示すときtoは必要ありません。going to shopping/swimmingとは言わないようにしましょう。

家にいる

私は家でのんびりします。	I'm going to stay home and relax.
テレビを見ます。	I'm going to watch TV.
家の掃除をします。	I'm going to clean the house.
少し読書をします。	I'm going to do some reading.
ゲームをします。	I'm going to play video games.
録画したドラマを見ます。	I'm going to watch the dramas I've recorded.
Netflix/Prime Videoで映画を見ます。	I'm going to watch a movie on Netflix/Prime Video.

仕事をする

仕事をします。	I'm going to work.
やり残した仕事を片付けます。	I'm going to finish up my work.
アルバイトに行きます。	I'm going to my part-time job.
大阪に出張します。	I'm going on a business trip to Osaka.
仕事の新人研修に参加します。	I'm going to attend a work training for newcomers.

インターンシッププログラムに参加します。	I'm going to participate in an internship program.

勉強・課外活動・学校の行事

宿題をします。	I'm going to do my homework.
図書館で勉強します。	I'm going to study in the library.
サマースクールに行きます。	I'm going to summer school.
塾に行きます。	I'm going to cram school.
試験勉強をします。	I'm going to study for the exams.
英検の試験を受けます。	I'm going to take the Eiken test.
塾の夏期講習を受けます。	I'm taking the summer course at cram school.
野球/バスケの練習があります。	I have baseball/basketball practice. ※ 定着している習慣は現在形を使います。
野球/バスケの合宿で八ヶ岳に行きます。	I'm going to Yatsugatake for baseball/basketball camp.
京都に修学旅行に行きます。	I'm going on a school trip to Kyoto.
私たちは工場に社会見学に行きます。	We're going on a field trip to a factory.
運動会があります。	We're having a sports festival.

文化祭があります。	We're having a cultural festival.
学園祭があります。	We're having a school festival.
学校で体育祭があります。	We're having a sports event at school.

セルフケア

私は美容院に行きます。	I'm going to the beauty shop/salon.
パーマをかけます。	I'm going to get a perm.
カットをします。	I'm going to have a haircut.
髪を染めます。	I'm going to dye my hair.
歯医者に行きます。	I'm going to the dentist.
整体に行きます。	I'm going to the chiropractor.
マッサージを受けます。	I'm going to get a massage.
エステを受けます。	I'm going to get aesthetic treatments.
フェイシャルケアを受けます。	I'm going to get facial care.
ネイルサロンに行きます。	I'm going to the nail salon.
ヨガスタジオに行きます。	I'm going to the yoga studio.
ヘッドスパを受けます。	I'm going to get a head spa.

買い物をする

スーパーに食料の買い出しに行きます。	I'm going food shopping at the supermarket.
原宿に行きます。	I'm going to Harajuku.

銀座に買い物に行きます。	I'm going shopping in Ginza.
友達と一緒にテラスモールに行きます。	I'm going to Terrace Mall with my friend.
新しいスーツ / バッグ / 靴を買いに行きます。	I'm going to buy a new suit/bag/pair of shoes.
セールをやっているので買い物に行きます。	I'm going shopping because they're having a sale.
本屋を見て回ります。	I'm going to browse around the bookstore.
インターネットでパソコン周辺機器を探します。	I'm going to look for computer accessories on the Internet.
インターネットで商品の価格を比較します。	I'm going to compare prices of products on the Internet.
インターネットで口コミをチェックします。	I'm going to check reviews on the Internet.

食事をする

友達とランチ / ディナーを食べに行きます。	I'm going out to have lunch/dinner with my friend.
ボーイフレンド / ガールフレンドと新しいイタリアンレストランに行きます。	I'm going to a new Italian restaurant with my boyfriend/girlfriend.
ステーキ / しゃぶしゃぶ / すきやき（のディナー）を食べに行きます。	I'm going to have a steak/shabushabu/sukiyaki dinner.
おいしいフランス料理のフルコースを食べに行きます。	I'm going to have a nice full-course French meal.

ホテルのスイーツ食べ放題に行きます。	I'm going to a hotel to have their all-you-can-eat sweets.
友達とコーヒー/お茶を飲みに行きます。	I'm going to have a cup of coffee/tea with my friend.
親しい友達と飲みに行きます。	I'm going drinking with close friends of mine.
インターネットでレストランを調べます。	I'm going to look up the restaurants on the Internet.
オンラインでお店を予約します。	I'm going to make reservations online.

行楽地・ドライブ・アウトドア

遊園地に行きます。	I'm going to an amusement/theme park.
ボーイフレンド/ガールフレンドとディズニーランドに行きます。	I'm going to Disneyland with my boyfriend/girlfriend.
ユニバーサル・スタジオ・ジャパンに行きます。	I'm going to Universal Studios Japan.
ドライブに行きます。	I'm going for a drive.
子供と一緒にキャンプに行きます。	I'm going camping with my children.
友達とバーベキューをします。	I'm going to have a barbecue with my friends.

映画・美術鑑賞・スポーツ・趣味など

友達と映画を見に行きます。	I'm going to the movies with my friend.
トム・クルーズの新作を見ます。	I'm going to see the new Tom Cruise movie.
ジムに行きます。	I'm going to the gym.
テニス/ゴルフをします。	I'm going to play tennis/golf.
海/プールに泳ぎに行きます。	I'm going swimming at the beach/pool.
友達とサッカー/野球の試合を見ます。	I'm going to see a soccer/baseball match with my friend.
友達とコンサートに行きます。	I'm going to a concert with my friend.
美術館/展覧会に行きます。	I'm going to a museum/an exhibition.
友達数人とカラオケに行きます。	I'm going to karaoke with my friends.
セミナー/ワークショップに参加します。	I'm going to attend a seminar/workshop.

人に会う

友達と出かけます。	I'm going out with my friend.
デートをします。	I'm going on a date.
六本木で友人に会います。	I'm going to see my friend in Roppongi.

高校/大学時代の友人に会います。	I'm meeting my friend from high school/college.
高校/大学の同窓会に行きます。	I'm going to my high school/college reunion.
ボーイフレンド/ガールフレンドに会います。	I'm seeing my boyfriend/girlfriend.
両親/親戚を訪ねます。	I'm going to visit my parents/relatives.
義理の両親を訪ねます。	I'm visiting my in-laws.
息子/娘を訪ねます。	I'm going to visit my son/daughter.
鎌倉にいる友達の家に遊びに行きます。	I'm going to my friend's house in Kamakura.
両親とビデオ通話で話します。	I'm going to talk with my parents via video call.

季節の行事

偕楽園に梅を見に行きます。	I'm going to Kairakuen to see the plum blossoms.
上野公園に桜を見に行きます。	I'm going to Ueno Park to see the cherry blossoms.
鎌倉の明月院にあじさいを見に行きます。	I'm going to Meigetsuin to see the hydrangea.
七夕祭りに行きます。	I'm going to the Star (Tanabata) Festival.
地元の夏祭りに行きます。	I'm going to the local summer festival.

花火大会に行きます。	I'm going to the fireworks show.
箱根に紅葉を見に行きます。	I'm going to Hakone to see the autumn leaves.
初日の出を見ます。	I'm going to see the first sunrise of the year.
神社に初もうでに行き、1年間の幸福と健康を祈ります。	I'm going to visit a shrine to pray for happiness and good health throughout the year.

旅行をする

箱根に旅行に行きます。	I'm taking a trip to Hakone. / I'm going on a trip to Hakone.
長野の温泉に行きます。	I'm going to the hot springs in Nagano.
イチゴ/ぶどう狩りのバスツアーに参加します。	I'm going on a strawberry/grape picking bus tour.
家族と伊豆に1泊旅行をします。	I'm going on an over-night trip to Izu with my family.
ツアーでイギリスに行きます。	I'm going to England on a tour.
ニューヨークにいる友達に会いに行きます。	I'm going to New York to visit my friend.
友達と数人でオーストラリアに卒業旅行に行きます。	I'm going on a graduation trip to Australia with a group of friends.
私たちはハワイに家族旅行をします。	We're taking a family trip to Hawaii.

予定を述べる：「～すると思う」「～するかもしれない」「おそらく～するだろう」

▶ Track 054

基本パターン

Q What will you do tomorrow?　明日、何をしますか。

A I will go to the movies.　映画に行きます。
　will probably　たぶん映画に行くことになると思います。
　may　映画に行くかもしれません。
　might　映画に行くかもしれません。
　probably will not (won't)　たぶん映画に行きません。
　will not (won't)　映画には行きません。

ポイント

1 "I will (=I'll)＋動詞"も"I am going to＋動詞"同様、未来について話すとき使われます。be going toはすでに決まっている予定を話すときに主に用いられ、willは自分の意志や、その場で決めたことを表します。

2 willは「～しようと思っている」「～はするつもりはない」などと伝えたい場合、"I think～" "I don't think～"とよくセットで使われます。

I think I'll go to the movies tomorrow. I don't think I'll see a comedy film.
「明日、映画に行こうと思っています。コメディー映画は見ないと思います」

3 probably（おそらく・たぶん）、may・might（～かもしれない）は、未来の可能性を表すときに使います。mayとmightではmayのほうが確率が高いです。"Maybe I will＋動詞"は「たぶん～する」ということを表します。

4 「暇だったら出かけます」のように、未来のことを仮定する場合は、if～で文をつなげます。

家にいると思う

私は休みたいので家にいると思います。	I think I'll stay home because I want to rest.
出かける気分ではないので、たぶん家にいると思います。	I'll probably stay home because I don't feel like going out.
たぶん遅くまで寝ていると思います。	I'll probably sleep in.
友達がうちに遊びに来るかもしれません。	My friends might come over to my house.

仕事をすると思う

私はたぶん仕事をします。	Maybe I'll work.
週末はずっと仕事で忙しくなるかもしれません。	I may be busy with work all weekend.
京都に出張するかもしれません。	I might go to Kyoto on business.
仕事を速く片付けて出かけます。	I'll get my work done quickly and go out.

外出すると思う

暇だったら出かけます。	I'll go out if I'm free.
気が向いたら出かけます。	I'll go out if I feel like it.
疲れていなければ出かけます。	I'll go out if I'm not tired.

天気がよければ外出します。	I'll go out if the weather is good.
セールをやっているので、たぶん買い物に行くことになると思います。	I'll probably go shopping because they're having a sale.
運動が必要なので、ジムに行くと思います。	I think I'll go to the gym because I need some exercise.

人に会うと思う

仕事がなければ友達に会います。	I'll see my friend if I don't have work.
(彼 / 彼女の)都合が合えば友達と出かけます。	I'll go out with my friend if it's okay with him/her.
大学のサークル / ゼミの仲間と集まるかもしれません。	I might get together with my university circle/seminar friends.
しばらく会っていないので、両親を訪ねるかもしれません。	I may visit my parents because I haven't seen them for a while.

旅行をすると思う

週末は日帰りで温泉に行くと思います。	I think I'll take a day trip to the hot springs on the weekend.
予約が取れれば格安プランで露天風呂付きの部屋に泊まります。	If I can get a reservation with a discounted plan, I'll stay in a room with an open-air bath.
気分転換をするため、近場に小旅行をすると思います。	I think I'll take a short trip somewhere nearby to refresh myself.

飛行機代が安ければ、ヨーロッパに行くかもしれません。	I might go to Europe if the airfare is cheap.
時間とお金があれば、海外に旅行に行くかもしれません。	I might travel abroad if I have enough time and money.

特に予定が決まっていないときの答え方

▶ Track 055

ポイント

まだ予定が決まっていないときは、以下のフレーズを使いましょう。“It depends on ～”は「～による」という意味です。

まだはっきりしていません。	I'm not sure yet.
まだわかりません。	I don't know yet.
まだ決めていません。	I haven't decided yet.
あとで / 明日決めます。	I'll decide later/tomorrow.
仕事の状態によります。	It depends on work.
友達の都合によります。	It depends on my friend.
ボーイフレンド / ガールフレンドの都合によります。	It depends on my boyfriend's/girlfriend's schedule.
気分次第です。	It depends on how I feel.
体調次第です。	It depends on my condition.
値段次第です。	It depends on the price.
渋滞次第です。	It depends on the traffic.
天気次第です。	It depends on the weather.

予定に関する簡単な問いかけと答え

▶ Track 056

基本パターン

Q Are you going to work this weekend?
今週末、仕事をしますか。

Will you go out on Sunday? 日曜日に出かけますか。

A Maybe. たぶん。

Probably not. そうしないと思います。

未来のことに対するシンプルな問いかけ

あなたは今晩、出かけますか。	Are you going out this evening?
土曜日は空いていますか。	Will you be free on Saturday?
日曜日は家にいますか。	Will you be home on Sunday?
今週末、仕事をしますか。	Are you going to work this weekend?
今年の夏、どこかに行きますか。	Are you going somewhere this summer?

※"Are you～?"の質問には、"Yes, I am."「はい、そうします」、"No, I'm not."「いいえ、そうしません」で答えます。

簡単な答え方

はい、そうします。	Yes, I will.

※"Will～?"の質問に対して。

そうすると思います。	I think so.
きっとそうすると思います。	I probably will. / Probably.

たぶんそうします。	I may.
たぶん。	Maybe.
そうするかもしれません。	I might.
そうしないと思います。	Probably not.
そうするつもりはありません。	I don't think so.
たぶんそうしません。	I probably won't.
いいえ、そうしません。	No, I won't.

結婚・引っ越し・進路についての予定を話す ▶ Track 057

婚約・結婚・出産・離婚・再婚

私は婚約します。	I'm getting engaged.
来年、結婚します。	I'm getting married next year.
子供が生まれます。	I'm having a baby.
6月に子供が生まれる予定です。	I'm expecting a baby in June.
私はボーイフレンド / ガールフレンドと別れます。	I'm going to break up with my boyfriend/girlfriend.
婚約を破棄します。	I'm canceling my engagement.
結婚をやめます。	I'm calling off my marriage.
離婚します。	I'm getting a divorce.
再婚します。	I'm getting remarried.

引っ越す・リフォームをする・新居を構える・別荘を買う

私は千葉に引っ越します。	I'm moving to Chiba.
新しい家/アパート/マンションに引っ越します。	I'm moving into a new house/apartment/condominium.
アメリカに引っ越します。	I'm going to move to America.
実家に戻ります。	I'm moving back to my parents' house.
私たちは新しい家を買います。	We're buying a new house. ※ 夫婦や家族のこととしてのイベントにはWeを使います。
私たちは家を建てます。	We're building a house.
私たちは家をリフォームします。	We're remodeling the house.
私たちは軽井沢にサマーハウスを買います。	We're buying a summer house in Karuizawa.

進路 ※ 進路についての表現は「希望と願望」の章（p.256）も参照。

私は高校を卒業したら大学に行きます。	I'm going to college after I graduate from high school.
高校を出たら専門学校に行きます。	I'm going to a technical/vocational school after high school.
高校を卒業したら就職します。	I'm going to work after I graduate from high school.
大学では英文学を専攻します。	I'm going to major in English literature in college.

文系の学部に進みます。	I'm going to study in the liberal arts department.
理数系の学部に進みます。	I'm going to study in the science and math department.
大学院に進みます。	I'm going to graduate school.
大学を辞めます。	I'm quitting college.
大学を休学します。	I'm going take a temporary leave from college.
大学を卒業したら就職します。	I'm going to get a job after college.
留学します。	I'm going to study abroad.
カナダで英語の語学学校に通います。	I'm going to an English language school in Canada.
アメリカの大学院でビジネスを学びます。	I'm going to study business at a graduate school in the U.S.
オーストラリアでホームステイします。	I'll do a homestay in Australia.

仕事

私は転職します。	I'm changing jobs.
昇進します。	I'm getting promoted.
給料が上がります。	I'm getting a raise.
違う部署に配属されることになりました。	I'm getting transferred to a different section.

支店に異動することになりました。	I'm getting transferred to a branch office.
条件が悪いので、今の仕事を辞めます。	I'm quitting my job because the working conditions are bad.
勤務時間が自分のスケジュールと合わないので、この仕事を辞めます。	I'm going to quit my job because the working hours don't suit my schedule.
私は副業を始めます。	I'm going to start a second job.
在宅で仕事を始めます。	I'm going to start working from home.
フリーランスで仕事を始めます。	I'm going to start freelancing.
半年後に独立します。	I'm going to go independent in 6 months.
2年後に起業する予定です。	I plan to start my own business in 2 years.

※「～する予定である」はplanの現在形を使って表します。

現在・未来の日にちの言い方

今日	today
明日	tomorrow
あさって	the day after tomorrow
3日後	in three days
来週	next week

再来週	the week after next
3週間後	in three weeks
来月	next month
再来月	the month after next
3か月後	in three months
来年	next year
再来年	the year after next
3年後	in three years

基礎 11

過去の出来事を説明する

Describing past events

過去の出来事についてたずねる・答える

基本パターン

Q	What did you do yesterday?	昨日、何をしましたか。
A	I worked.	仕事をしました。

ポイント

1 過去について話すときは動詞の過去形を使います。一般動詞の規則動詞の場合は動詞の語尾にedをつけます。過去形の作り方には以下の種類があります。

1）規則動詞：動詞の後ろにedを加える
worked, played, watched, listened, cleaned, washed

2）eで終わっている動詞：動詞の後ろにdを加える
lived, liked, hoped, danced

3）子音＋yで終わっている動詞：yをiに変えedをつける
studied, tried

4）子音を2つ重ねるもの：stopped

2 「〜だった」と過去の状態を表すbe動詞の過去形はwas/wereです。また、活用が不規則な動詞もありますので、覚えて使いましょう。

買う：buy – bought
来る：come – came
する・行う：do – did
飲む：drink – drank
食べる：eat – ate
得る：get – got
行く：go – went
持つ・食べる：have – had
作る：make – made
会う：meet – met
見る：see – saw
話す：speak – spoke
取る：take – took
思う・考える：think – thought
書く：write – wrote

3 相手に「何をしましたか」とたずねるときは "What did you do?"を使います。また、「〜をどのように過ごしましたか」とたずねるときは "How did you spend〜?"を使います。

4 疑問文のときは、動詞を原形に戻すことを忘れないようにしましょう。また、このセクションの質問と答えは「未来・今後の予定について話す」の章（p.150）とほとんど同じフレーズを使用しています。両方を比べながら、表現の言い方を学びましょう。

どのように過ごしたかをたずねる

▶ Track 058

あなたは昨晩、何をしましたか。	What did you do last night?
先週末、何をしましたか。	What did you do last weekend?
3連休の週末はどのようにして過ごしましたか。	How did you spend the three-day weekend?
今年の夏、何をしましたか。	What did you do this summer?
冬休みに何をしましたか。	What did you do during the winter break?
クリスマスはどのように過ごしましたか。	How did you spend your Christmas?
お正月はどのように過ごしましたか。	How did you spend the New Year?
誰と行きましたか。	Who did you go with?
どこに行きましたか。	Where did you go?

何をしたかを説明する

▶ Track 059

家にいた

私は家でのんびりしました。	I stayed home and relaxed.
テレビを見ました。	I watched TV.
家の掃除をしました。	I cleaned the house.
少し読書をしました。	I did some reading.
ゲームをしました。	I played video games.

録画したドラマを見ました。	I watched the dramas I recorded.
Netflix/Prime Videoで映画を見ました。	I watched a movie on Netflix/Prime Video.

仕事をした

仕事をしました。	I worked.
やり残した仕事を片付けました。	I finished up my work.
アルバイトに行きました。	I went to my part-time job.
大阪に出張しました。	I took a business trip to Osaka. / I went to Osaka on business.
仕事の新人研修に参加しました。	I attended a work training for newcomers.
インターンシッププログラムに参加しました。	I participated in an internship program.

勉強・課外活動・学校の行事

宿題をしました。	I did my homework.
図書館で勉強しました。	I studied in the library.
サマースクールに行きました。	I went to summer school.
塾に行きました。	I went to cram school.
試験勉強をしました。	I studied for the exams.
英検の試験を受けました。	I took the Eiken test.

塾の夏期講習を受けました。	I took the summer course at cram school.
野球/バスケの練習がありました。	I had baseball/basketball practice.
野球/バスケの合宿で八ヶ岳に行きました。	I went to Yatsugatake for baseball/basketball camp.
京都へ修学旅行に行きました。	I went on a school trip to Kyoto.
工場に社会見学に行きました。	We went on a field trip to a factory.
運動会がありました。	We had a sports festival.
学校で文化祭がありました。	We had a cultural festival at school.
学園祭がありました。	We had a school festival.
学校で体育祭がありました。	We had a sports event at school.

セルフケア

美容院に行きました。	I went to the beauty shop/salon.
パーマをかけました。	I got a perm.
カットをしました。	I got a haircut.
髪を染めました。	I dyed my hair.
歯医者に行きました。	I went to the dentist.
整体に行きました。	I went to the chiropractor.

マッサージを受けに行きました。	I went to get a massage.
エステを受けに行きました。	I went to get aesthetic treatments.
フェイシャルケアを受けました。	I got facial care.
ネイルサロンに行きました。	I went to the nail salon.
ヨガスタジオに行きました。	I went to the yoga studio.
ヘッドスパを受けに行きました。	I went to get a head spa.

買い物をした

スーパーに食材を買いに行きました。	I went to the supermarket to buy food.
原宿に行きました。	I went to Harajuku.
銀座に買い物に行きました。	I went shopping in Ginza.
友達と一緒にテラスモールに行きました。	I went to Terrace Mall with my friend.
横浜できれいな夜景を見ました。	I saw the beautiful night view in Yokohama.
新しい服/バッグ/靴を買いに行きました。	I went to buy new clothes/a bag/a pair of shoes.
いろいろな店を見て回りました。	I looked around at many different shops.
セールで服を買いました。	I bought some clothes that were on sale.
本屋を見て回りました。	I browsed around the bookstore.

インターネットでパソコン周辺機器を探しました。	I looked for computer accessories on the Internet.
インターネットで商品の価格を比較しました。	I compared prices of products on the Internet.
インターネットで口コミをチェックしました。	I checked reviews on the Internet.

食事をした

友達とランチ / ディナーを食べに行きました。	I had lunch/dinner with my friend.
ボーイフレンド / ガールフレンドと新しいイタリアンレストランに行きました。	I went to a new Italian restaurant with my boyfriend/girlfriend.
ステーキ / しゃぶしゃぶ / すきやき（のディナー）を食べました。	I had the steak/shabushabu/sukiyaki dinner.
おいしいフランス料理のフルコースを食べに行きました。	We went to have a nice full-course French meal.
ホテルのスイーツ食べ放題に行きました。	I went to a hotel to have their all-you-can-eat sweets.
友達とコーヒー / お茶を飲みました。	I had a cup of coffee/tea with my friend.
親しい友達と居酒屋に飲みに行きました。	I went drinking at an "izakaya(a Japanese pub)" with close friends of mine.
インターネットでレストランを調べました。	I looked up restaurants on the Internet.
オンラインでお店を予約しました。	I made reservations online.

遊園地に行きました。	I went to an amusement/theme park.
遊園地でジェットコースター/観覧車に乗りました。	We rode the roller coaster/Ferris wheel at the theme park.
ボーイフレンド/ガールフレンドと一緒にディズニーランドに行きました。	My boyfriend/girlfriend and I went to Disneyland.
私たちはディズニーランドでパレードを見ました。	We saw the parade at Disneyland.
ユニバーサル・スタジオ・ジャパンに行きました。	I went to Universal Studios Japan.
ドライブに行きました。	I went for a drive.
子供と一緒にキャンプに行きました。	I went camping with my children.
友達とバーベキューをしました。	I had a barbecue with my friends.
私たちはきれいな自然の景色を楽しみました。	We enjoyed the beautiful natural scenery.
きれいなおいしい空気を楽しみました。	We enjoyed the clean, fresh air.

映画・美術鑑賞・スポーツ・趣味など

友達と映画を見に行きました。	I went to the movies with my friend.
トム・クルーズの新作を見ました。	I saw the new Tom Cruise movie.
ジムに行きました。	I went to the gym.
テニス/ゴルフをしました。	I played tennis/golf.
海/プールに泳ぎに行きました。	I went swimming at the beach/pool.
友達とサッカー/野球の試合を見ました。	I saw a soccer/baseball match with my friend.
友達とコンサートに行きました。	I went to a concert with my friend.
美術館/展覧会に行きました。	I went to a museum/an exhibition.
友達数人とカラオケに行きました。	I went to karaoke with my friends.
セミナー/ワークショップに参加しました。	I attended a seminar/workshop.

人に会った

友達と出かけました。	I went out with my friend.
デートをしました。	I went on a date.
六本木で友人に会いました。	I saw my friend in Roppongi.
高校/大学時代の友人に会いました。	I met my friend from high school/college.

高校/大学の同窓会に行きました。	I went to my high school/college reunion.
両親/親戚を訪ねました。	I visited my parents/relatives.
義理の両親を訪ねました。	I visited my in-laws.
息子/娘を訪ねました。	I visited my son/daughter.
鎌倉にいる友達の家に行きました。	I went to my friend's house in Kamakura.
両親とビデオ通話で話しました。	I talked with my parents via video call.

季節の行事

偕楽園に梅を見に行きました。	I went to Kairakuen to see the plum blossoms.
上野公園に桜を見に行きました。	I went to Ueno Park to see the cherry blossoms.
鎌倉の明月院にあじさいを見に行きました。	I went to Meigetsuin to see the hydrangea.
七夕祭りに行きました。	I went to the Star (Tanabata) Festival.
地元の夏祭りに行きました。	I went to the local summer festival.
花火大会に行きました。	I went to the fireworks show.
箱根に紅葉を見に行きました。	I went to Hakone to see the autumn leaves.
初日の出を見に行きました。	I went to see the first sunrise of the year.

神社に初もうでに行き、1年間の幸福と健康を祈りました。	I visited a shrine to pray for happiness and good health throughout the year.

旅行をした

箱根に旅行をしました。	I took a trip to Hakone. / I went on a trip to Hakone.
長野の温泉に行きました。	I went to the hot springs in Nagano.
イチゴ / ぶどう狩りのバスツアーに参加しました。	I went on a strawberry/grape picking bus tour.
家族と伊豆に1泊旅行をしました。	I went on an over-night trip to Izu with my family.
ツアーでイギリスに行きました。	I went to England on a tour.
ニューヨークにいる友達に会いに行きました。	I went to New York to visit my friend.
友達と数人でオーストラリアに卒業旅行に行きました。	I went on a graduation trip to Australia with a group of friends.
ハワイに家族旅行をしました。	We took a family trip to Hawaii.

過去に進行していた行動についてたずねる・答える ▶ Track 060

基本パターン

Q What were you doing last night?
昨晩、何をしていましたか。

A I was watching TV. テレビを見ていました。

ポイント

1 「昨日の夜は～していました」「～をしているところでした」のように、過去のある一定の時間・時期に進行していた行動を表すときは過去進行形を使います。かたちは"主語＋was/were＋動詞ing"です。

I was watching TV from 8:00 to 10:00.
「8時から10時までテレビを見ていました」

2 「～にいました」は、"I was at＋場所"、「～（人）と一緒にいました」は、"I was with＋一緒にいた人"になります。

相手が何をしていたかをたずねる

あなたはそのとき何をしていましたか。	What were you doing then?
昨日の午後、何をしていましたか。	What were you doing yesterday afternoon?
昨晩、何をしていましたか。	What were you doing last night?

自分がしていたことを説明する

私は仕事をしていました。	I was working.
勉強していました。	I was studying.
宿題をしていました。	I was doing my homework.
テレビを見ていました。	I was watching TV.
くつろいでいるところでした。	I was relaxing.
朝食/昼食/夕食を食べているところでした。	I was eating breakfast/lunch/dinner.
お風呂に入って/シャワーを浴びていました。	I was taking a bath/shower. / I was in the bath/shower.
1日中、外出していました。	I was out all day. ※「外出している」の場合は、"be out"を使います。
1日中、家にいました。	I was at home all day. ※「家にいる」の場合は、"be at home"を使います。
友達と一緒にいました。	I was with my friend.

生い立ちについてたずねる・話す

基本パターン

Q Where were you born? お生まれはどちらですか。
Where did you grow up? どちらで育ちましたか。
When did you start working? 働き始めたのはいつですか。

A I was born in Tokyo. 東京で生まれました。
I grew up in Yokohama. 横浜で育ちました。
I started working in 2022. 2022年に働き始めました。

ポイント

「〜年に〜した」という年号の前にはinがつきます。「3か月前」や「5年前」など、「〜前」は〜agoを使って表します。自分の生い立ちについて話すときも、すでに起こった出来事なので動詞は過去形を使います。

生い立ち・バックグラウンドについてたずねる　▶ Track 061

お生まれはどちらですか。	Where were you born?
お生まれはいつですか。	When were you born?
どちらで育ちましたか。	Where did you grow up?
東京に引っ越したのはいつですか。	When did you move to Tokyo?
どうして東京に引っ越して来たのですか。	What brought you to Tokyo?
どちらの学校に行かれましたか。	What school did you go to?
学生時代、好きな科目は何でしたか。	What was your favorite subject when you were in school?
大学では何を勉強/専攻しましたか。	What did you study/major in college?
高校/大学を卒業したのはいつですか。	When did you graduate from high school/college?
働き始めたのはいつですか。	When did you start working?
ABCに入社したのはいつですか。	When did you start working for ABC?

ABCを辞めたのはいつですか。	When did you quit ABC?
転職したのはいつですか。	When did you change jobs?
フリーランスになったのはいつですか。	When did you start freelancing?
独立したのはいつですか。	When did you go independent?
起業したのはいつですか。	When did you start your own business?
結婚したのはいつですか。	When did you get married?
奥さん/ご主人とはどのように知り合ったのですか。	How did you meet your wife/husband?
お子さんが生まれたのはいつですか。	When did you have children?
離婚なさったのはいつですか。	When did you get divorced?
再婚されたのはいつですか。	When did you get remarried?
退職なさったのはいつですか。	When did you retire?

自分の生い立ち・バックグラウンドを説明する

▶ Track 062

生まれと育ち

私は東京で生まれました。	I was born in Tokyo.
私は2002年に生まれました。	I was born in 2002.
私は東京で育ちました。	I was raised in Tokyo. / I grew up in Tokyo.
私は東京で生まれ育ちました。	I was born and raised in Tokyo.

生まれは横浜ですが、10歳のときに東京に引っ越しました。	I was born in Yokohama, but moved to Tokyo when I was 10 years old.
父親の仕事の都合で小学生のとき、博多に引っ越しました。	I moved to Hakata when I was in elementary school because of my father's work.

学校・学歴

私は地元の学校に行きました。	I went to a local school.
私立/公立の学校に通いました。	I went to a private/public school. ※ public schoolはイギリスでは「中高一貫の私立学校」の意。
好きな科目は歴史と英語でした。	My favorite subjects were history and English.
数学と体育が苦手でした。	I didn't like math and P. E. ※ P.E.はphysical educationの略。
2021年にABC大学に入学しました。	I entered ABC College/University in 2021.
大学では英文学を専攻しました。	I majored in English literature in college.
2019年に高校/大学を卒業しました。	I graduated from high school/college in 2019.
2年間、専門学校に通いました。	I attended a technical/vocational school for two years.

就職・職歴

5年前にABCに入社しました。	I entered ABC 5 years ago.
去年ABCを辞めました。	I quit ABC last year.
ABCではマーケティングを担当していました。	I was in charge of marketing at ABC.
私はABCのエンジニアでした。	I was an engineer at ABC.
3年前、転職しました。	I changed jobs 3 years ago.
おととし、フリーランスになりました。	I started freelancing 2 years ago.
去年、独立しました。	I went independent last year.
半年前に起業しました。	I started my own company 6 months ago.
少し前に退職しました。	I retired a little while ago.

結婚・子供・離婚・再婚

5年前に結婚しました。	I got married 5 years ago.
妻/夫とは大学/職場で知り合いました。	I met my wife/husband in college/at work.
妻/夫とは友人の紹介で知り合いました。	I met my wife/husband through a friend.
半年前に息子/娘が生まれました。	Our son/daughter was born 6 months ago.
だいぶ前に離婚しました。	I got divorced a long time ago.
7年前に再婚しました。	I remarried 7 years ago.

住まい

私たちは5年前にマンション/家を購入しました。	We bought our condo/house 5 years ago. ※condo＝condominiumの略。
私たちは3年前に家を建てました。	We built our house 3 years ago.
私たちは去年、家のリフォームをしました。	We remodeled our house last year.

過去の時間の言い方

昨日	yesterday
おととい	the day before yesterday
3日前	three days ago
先週	last week
先々週	the week before last
3週間前	three weeks ago
先月	last month
3か月前	three months ago
去年	last year
3年前	three years ago
この前（先週）の月曜日	last Monday
去年の8月	last August / in August last year
数日前	several days ago/a few days ago
2、3日前	a couple of days ago

数週間前	several weeks ago
2、3週間前	a couple of weeks ago
数か月前	several months ago
2、3か月前	a couple of months ago
数年前	several years ago
2、3年前	a couple of years ago
ずっと前	a long time ago
ちょっと前	a little while ago

THE PERFECT BOOK OF
DAILY ENGLISH CONVERSATION

発展編

発展
01 自分の体調を説明する

Describing your health conditions

体調についてたずねる・話す

基本パターン

Q	How are you feeling?	体調はどうですか。
A	I feel fine.	調子はいいです。

ポイント

1 相手の体調や気分をたずねるとき、“How do you feel?” や“How are you feeling?”を使います。
具体的に健康状態をたずねるときは、“How is your health?”となります。

2 体調・気分を含め、「調子がいい」と言うときの基本表現は、“I'm fine/good.” “I feel fine/good.” です。(→p.16)
「体調がすぐれない」と伝えたいときは、“I don't feel well.” を使います。

3 「元気そうですね」など、「～そうですね」の基本表現は、“You look＋形容詞”です。

You look fine/good.　「元気そうですね」

体調についてたずねる・コメントする

▶ Track 063

体調はどうですか。	How are you feeling?
健康状態はどうですか。	How is your health?
具合は大丈夫ですか。	Are you feeling okay?
元気そうですね。	You look fine/good.
顔色がいいですね。	Your complexion is good.
疲れているみたいですね。	You look tired.
顔色が悪いですよ。	You look pale.
具合が悪そうですね。	You look sick.
少し太りましたか。	Did you put on some weight?
少しやせましたか。	Did you lose some weight?

体調について話す

▶ Track 064

元気です・調子がいいです

調子がいいです。	I feel fine/good.
今日はとても調子がいいです。	I feel great today.
最近、調子がいいです。	I've been feeling good.
健康です。	I'm in good shape.
健康面は問題ありません。	Physically I'm OK. / Physically I have no problems.
昨晩ゆっくり寝たので、今日は頭がスッキリしています。	I slept well last night, so my mind is clear today.

運動するようになってから身体の調子がいいです。
My health improved after I started to excrcise.

食事に気を遣うようになってから身体の調子がいいです。
My health improved after I started watching my diet.

サプリメントを飲んでいます。
I'm taking supplements.

漢方を飲んでいます。
I'm taking Chinese herbal medicine.

医者から処方された薬を飲んでいます。
I'm taking prescription medicine.

私は3キロ太りました。
I gained 3 kilograms.

私は3キロやせました。
I lost 3 kilograms.

調子が悪いです

体調が悪いです。
I don't feel well.

具合が悪いです。
I feel sick.

最近、調子が悪いです。
I haven't been feeling well recently.

ここのところ疲労困憊しています。
I've been exhausted for a while.

本調子ではありません。
I'm not in the best shape.

今日は今ひとつ元気が出ません。
I don't have much energy today.

身体が重いです。
My body feels heavy.

寝不足です。
I didn't sleep well.

2日酔いで頭が重いです。
My head is heavy from a hangover.

寝違えたせいで首が痛いです。	My neck hurts because I slept on the wrong side.
この前運動したので今日は筋肉痛です。	I have muscle pain today because I exercised the other day.

気遣いの言葉

どうぞお大事に。	Please take care of yourself.
ご自愛ください。	Take care of your health.
ゆっくり休んでください。	Take a good rest.
気楽に。	Take it easy.
無理しないで。	Don't strain. / Don't push yourself. / Don't wear yourself down.
仕事のことは心配しないで。	Don't worry about work.
健康第一です。	Your health comes first.
ひどいようだったら医者に行ったほうがいいですよ。	You should go to the doctor if it's really bad.
早くよくなるといいですね。	I hope you get well soon.
1日も早いご回復をお祈りします。	I wish you a speedy recovery.

回復を伝える

ポイント

「〜おかげで」と伝えたいときは、"Thanks to〜"を使います。

だいぶよくなりました。	I'm getting better.
おかげさまで治りました。	I've recovered, thank you.
もう大丈夫です。	I'm well now.
心配をかけてしまってすみません。	Sorry to have worried you.
おかげさまで、だいぶ調子がよくなりました。	I feel much better now, thank you.
お医者さんのおかげで完治しました。	Thanks to the doctor, I was cured.
休んだおかげで身体が楽になりました。	Thanks to the rest, my body feels better.
薬のおかげで、症状が治まりました。	Thanks to the medication, my symptoms have gone away.
治療のおかげで、だいぶよくなりました。	Thanks to the treatment, I feel much better.

自分の体質を説明する

▶ Track 065

私は健康です

私は健康です。	I'm healthy.
私は身体が丈夫です。	I'm physically fit.
体力があります。	I have good stamina.
食欲はあります。	I have a good appetite.
風邪はめったにひきません。	I hardly catch colds.
寝つきはいいし、眠りも深いです。	I sleep easily and soundly.
すっきり目覚めます。	I can wake up easily.

お酒には強いです。	I can drink a lot.
胃腸は丈夫です。	I have a strong stomach.
視力はいいです。	I have good eyesight.
アレルギーはありません。	I don't have any allergies.
飲んでいる薬はありません。	I'm not taking any medications.
健康診断では何の異常も見られませんでした。	My medical checkup didn't show any problems.
血圧は正常です。	My blood pressure is normal.
虫歯はほとんどありません。	I don't have that many cavities.
医者にはほとんど行きません。	I rarely go to the doctor.
これまで大きな病気をしたことがありません。	I've never suffered from a serious illness.
これまで入院したことがありません。	I've never been hospitalized.

柔軟性・体力不足・あまり丈夫ではありません

私は体がかたいです。	My body is stiff.
私は体がやわらかいです。	My body is flexible.
私はあまり丈夫ではありません。	I'm not physically so strong.
体力があまりありません。	I don't have much stamina.
疲れやすいです。	I get tired easily.
風邪をひきやすいです。	I catch colds easily.

季節の変わり目に体調を崩しやすいです。	I don't feel well during the changing of seasons.
鼻炎があります。	I have nasal inflammation.
冷え性です。	I get cold easily.
高血圧です。	I have high blood pressure.
低血圧です。	I have low blood pressure.
貧血症です。	I'm anemic.
糖尿病です。	I'm diabetic.
胃腸が弱いです。	I have a weak digestive system.
呼吸器が弱いです。	I have a weak respiratory system.
喘息持ちです。	I have asthma.
不眠症です。	I have insomnia.
コレステロール値が高いです。	I have a high cholesterol count.
これは遺伝的なものです。	It's hereditary/genetic.

アレルギー症状

ポイント

「私は～に対してアレルギーがあります」と言うときは "I'm allergic to＋アレルギーの出るもの"のかたちを使います。

私はアレルギーがあります。	I have allergies.
花粉症です。	I have a pollen allergy. / I'm allergic to pollen. / I have hay fever.
ハウスダストにアレルギーが出ます。	I'm allergic to house dust.
猫アレルギーです。	I'm allergic to cats.
そばアレルギーです。	I'm allergic to buckwheat.
乳製品は食べられません。	I can't eat dairy products.
生魚を食べると発疹します。	I get a rash when I eat raw fish.
じんましんが出ます。	I get hives.

身体の悩み

※ 健康にまつわるアドバイスは、p.321を参照。

肩がこっています。	I have stiff shoulders. / My shoulders are stiff.
腰痛がひどいです。	I have a terrible backache.
1日が終わるころには足がむくみます。	My feet get swollen by the end of the day.
顔がむくみます。	My face gets puffy.
目が悪いです。	I have bad eyesight.
長時間パソコンを使うと、目、肩、腰にきます。	Using a PC for a long time has bad effects on my eyes, shoulders, and back.
スマホの見すぎで目が疲れます。	My eyes get tired from looking at my smartphone too much.

ドライ・アイで困ります。
I suffer from dry-eye. / My eyes get very dry.

疲れがとれません。
I can't regain my energy.

私は回復が遅いです。
It takes time for me to recuperate.

車に酔いやすいです。
I get carsick.

夏場は冷房のきいた部屋にいると身体がとても冷えます。
I get so cold in the air-conditioned room during the summer.

体温調節ができません。
I can't adjust my body temperature.

生理痛がひどいです。
I have severe menstrual cramps.

肌の悩み

冬は肌が乾燥します。
My skin gets dry in the winter.

ニキビに悩んでいます。
I suffer from acne.

ほうれい線が気になります。
I'm concerned about my smile lines.

最近、毛穴が目立ちます。
Lately, my pores are noticeable.

目の下のたるみが気になります。
I'm concerned about the sagging under my eyes.

目尻のシワが気になります。
I'm concerned about the wrinkles at the corner of my eyes.

病気・病状を説明する

基本パターン

I have a cold.　風邪をひいています。

ポイント

病気や病状を表現するとき、have, get, feel が使われることが多いです。それぞれ、have（病気などにかかっている）、get（病気にかかる）、feel（気分・身体的な状態を感じる）を意味します。

I have a fever.　「熱があります」
I got the flu.　「インフルエンザにかかりました」
I feel sick.　「気分・具合が悪いです」

風邪の諸症状

風邪をひきました。	I caught a cold. / I got a cold.
インフルエンザにかかりました。	I got the flu.
熱っぽいです。	I feel feverish.
（高い）熱があります。	I have a (high) fever.
38度の熱があります。	I have a 38-degree fever.
微熱があります。	I have a slight fever.
頭がとても痛いです。	I have a bad headache.
熱はありません。	I don't have a fever.
咳が出ます。	I have a cough.

痰が出ます。	I cough up phlegm.
喉が痛いです。	I have a sore throat.
鼻が出ます。	I have a runny nose.
鼻がつまっています。	My nose is clogged. / My nose is stuffed up.
くしゃみが止まりません。	I can't stop sneezing.
関節が痛みます。	My joints hurt.
悪寒がします。	I have the chills.
吐き気がします。	I feel nauseous. / I feel like vomiting.
食欲がありません。	I don't have an appetite.
めまいがします。	I feel dizzy.

胃腸・内臓系

お腹が痛いです。	I have a stomachache.
下痢をしています。	I have diarrhea. / I have the runs.
便秘です。	I have constipation.
消化不良を起こしています。	I have indigestion.
胃が何も受け付けません。	I can't digest anything. / I can't eat anything.
吐いてしまいました。	I vomited/threw up.

けが・骨折・ねんざ

けがをしてしまいました。	I got hurt.
指を包丁で切ってしまいました。	I cut my finger with a knife.
出血が止まりません。	It won't stop bleeding.
料理中にやけどをしました。	I burned/burnt myself while cooking.
足を折りました。	I broke my leg.
転んでひざをすりむいてしまいました。	I fell and scraped my knee.
かさぶたになりました。	It became a scab.
つま先にひびが入りました。	I got a crack in my toe.
バスケの練習中につき指をしました。	I jammed my finger during basketball practice.
ぎっくり腰になりました。	I strained my back.
足首をねんざしました。	I twisted/sprained my ankle.
足首がはれています。	My ankle is swollen.
足がつります。	My foot is cramping.

歯

虫歯があります。	I have a cavity.
歯が痛いです。	I have a toothache.
親知らずが痛みます。	My wisdom tooth aches.
親知らずを抜きました。	My wisdom tooth got pulled.

虫歯の詰め物がとれてしまいました。	The filling of my cavity came out.
歯ぐきから血が出ます。	My gums bleed.
デンタルフロスは欠かさずやっています。	I never forget to floss my teeth.

目・耳

ものもらいができました。	I have a sty.
視力が落ちました。	My eyesight got worse.
目がかすみます。	I have blurred vision.
遠視です。	I'm far-sighted.
近視です。	I'm near-sighted.
乱視気味です。	I'm slightly astigmatic.
老眼鏡をかけます。	I wear reading glasses.
遠近両用の眼鏡をしています。	I wear bifocals.
コンタクトをしています。	I wear contacts.
レーシックの手術を受けました。	I've had LASIK surgery.
耳鳴りがします。	I have a ringing in my ears.

身体の痛み・症状

かゆいです。	It's itchy.
(少し) 痛いです。	It hurts (slightly).
ずきずき痛みます。	I have a throbbing pain.

鈍い痛みがあります。	I have a dull pain.
がまんできないほどではありませんが、違和感を覚えます。	It's not unbearable, but I feel uncomfortable.
息をすると苦しいです。	It hurts when I breathe.

発展
02

外見と性格を説明する

Appearance and personality

外見についてたずねる・説明する

基本パターン

Q	What do you look like?	あなたの外見は？
	What does he look like?	彼の外見は？
	What does she look like?	彼女の外見は？
A	I'm tall.	私は背が高いです。
	He's short.	彼は背が低いです。
	She's slim.	彼女はスリムです。

ポイント

1 「〜はどんな外見ですか」とたずねるときは、"What do/does ＋人＋look like?"を使います。

2 外見を説明するときは"人＋be動詞＋形容詞"で答えます。

外見をたずねる

▶ Track **067**

あなたの外見は?	What do you look like?
あなたのお父さん / お母さんの外見は?	What does your father/mother look like?
あなたの奥さん / ご主人の外見は?	What does your wife/husband look like?

あなたの息子さん/娘さんの外見は?	What does your son/daughter look like?
お友達の外見は?	What does your friend look like?
ボーイフレンド/ガールフレンドの外見は?	What does your boyfriend/girlfriend look like?
パートナーの外見は?	What does your partner look like?
彼/彼女は誰に似ていますか。	Who does he/she look like?
あなたはご両親のうちのどちらに似ていますか。	Who do you take after, your father or your mother?
→ 私は父親似です。	I take after my father.
→ 私は母親似です。	I take after my mother.
彼/彼女はどちらに似ていますか。	Who does he/she take after?
→ 彼は母親に似ています。	He looks like his mother.
→ 彼女はどちらの両親にも似ていません。	She doesn't look like either of her parents.
→ 彼女はお母さんとうりふたつです。	She's the spitting image of her mother.

全体的な外見を説明する

▶ Track 068

全体の印象

彼はかっこいいです。	He's good-looking.
彼の外見はふつうです。	He's ordinary-looking/plain-looking.

彼はハンサムです。	He's handsome.
彼女はかわいいです。	She's cute.
彼女はきれいです。	She's beautiful. / She's pretty.
彼女は魅力的です。	She's attractive.
彼女はチャーミングです。	She's charming.
彼女は化粧が濃いです。	She wears a lot of make-up.
彼女は化粧っ気がありません。	She doesn't wear much make-up.
彼はかっこよくありません。	He's not good-looking.

背丈・スタイル

私は背が高いです。	I'm tall.
私は背が低いです。	I'm short.
私の背は中くらいです。	I'm average height.
彼はどっしりしています。	He's heavy.
彼は太っています。	He's overweight/fat.
彼女はぽっちゃりしています。	She's chubby.
彼女はすらっとしています。	She's slender.
彼はスリムです。	He's slim.
彼はやせています。	He's thin.
彼は体格がいいです。	He's well-built.
彼は中肉中背です。	He's medium built.

部分的な外見を描写する

▶ Track 069

基本パターン

I have long hair.	私の髪は長いです。
He has short hair.	彼の髪は短いです。
She has nice skin.	彼女は肌がきれいです。

ポイント

1 英語では「髪が短い」「目が大きい」など、外見の部分的な特徴を話すときは、「特性として持っている」という意味で、haveがよく用いられます。Iの場合はhaveを、He/Sheの場合はhasを使います。目は複数形のeyesとなります。

2 また、"所有格(my, your, his, her)＋身体の部分"を文頭に持ってきて、外見上の部分的な特徴を表すこともできます。

My hair is short.　「私の髪は短いです」

3 顔・鼻・口の特徴を説明するときは単数形の名詞なので、a/anをつけましょう。

I have a round face.　「私は丸顔です」

髪の色

私の髪は黒い / 茶色いです。	I have black/brown hair.
私は髪を茶色に染めています。	I dye my hair brown.
私は部分的にカラーリングしています。	I partially dye my hair. / I have partial colors in my hair.

私はヘナで髪を染めています。	I dye my hair with henna.
彼女は金髪です。	She has blonde hair.
私の父は白髪です。	My father has gray hair. / My father has white hair.

髪の長さ

私は髪が長いです。	I have long hair. / My hair is long.
私は髪が短いです。	I have short hair. / My hair is short.
彼女はショートカットです。	She has a short haircut.
彼女の髪は肩の長さです。	Her hair is shoulder-length.
彼はスキンヘッドです。	He's a skinhead.
彼ははげています。	He's bald.
彼は髪が薄いです。	He has little hair.
彼はかつらをかぶっています。	He wears a toupee/hairpiece.

ヘアスタイル・髪の状態

私はストレートヘアです。	I have straight hair.
私はアイロンで髪をストレートに伸ばしています。	I straighten my hair with a hair iron.
私の髪はウェーブがかかっています。	I have wavy hair.
私は毛先だけカールしています。	I curl my hair just at the ends.

私は毛先にゆるいパーマをかけています。	I apply a loose perm to the ends of my hair.
私はパーマをかけています。	I have a perm.
彼女はみつあみをしています。	She has her hair braided.
彼女は髪をアップにしています。	She has her hair up.
彼女はポニーテールをしています。	She has her hair in a ponytail.
彼女の髪はサラサラです。	Her hair is silky.
彼女の髪はツヤツヤです。	Her hair is shiny.

目・まつ毛・鼻

彼女は目がぱっちりしています。	She has big/wide eyes.
彼女は一重です。	She has single eyelids.
彼女は二重です。	She has double eyelids.
彼女はまつ毛のエクステをしています。	She wears eyelash extensions.
彼女は目の下にくまがあります。	She has dark circles under her eyes.
彼は鼻筋が通っています。	He has a high-bridged nose.

顔

私は丸顔です。	I have a round face.
彼は面長です。	He has a long face.
彼女は小顔です。	She has a small face.
彼女の顔はほりが深いです。	She has deep facial features.

手足・肩

彼は手足が長いです。	He has long arms and legs.
彼は肩幅が広いです。	He has broad shoulders.
彼は猫背です。	He has round/rounded shoulders.
彼は腕にタトゥーがあります。	He has tattoos on his arms.

メガネ・ひげ

彼はメガネをかけています。	He wears glasses.
彼女はコンタクトをしています。	She wears contact lenses.
彼はひげが濃いです。	He has a thick beard.
彼はあごひげを伸ばしています。	He has a beard.
彼は口ひげがあります。	He has a mustache.

肌の特徴

私は乾燥肌です。	I have dry skin.
私は油性肌です。	I have oily skin.
私は敏感肌です。	I have sensitive skin.

私は肌が荒れています。	I have rough skin.
私は肌がくすんでいます。	I have dull skin.
彼女は肌がきれいです。	She has nice skin.
彼女は色白です。	She's fair-skinned.
彼女の肌は焼けています。	Her skin is tanned.

ネイル

つめが伸びています。	My nails are growing.
私はマニキュアをぬっています。	I wear nail polish.
マニキュアがはがれてしまいました。	My nail polish has come off.
私はネイルをしてもらっています。	I get my nails done.
ネイルサロンに通っています。	I go to a nail salon.
セルフネイルをしています。	I do my own nails.

性格についてたずねる・説明する

基本パターン

Q What are you like?	あなたはどんな人ですか。
What is he like?	彼はどんな人ですか。
What is she like?	彼女はどんな人ですか。
または：	
What kind of person are you?	あなたはどんな人ですか。
What kind of person is he?	彼はどんな人ですか。
What kind of person is she?	彼女はどんな人ですか。
A I'm cheerful.	私は明るいです。
He's active.	彼は行動的です。
She's kind.	彼女は優しいです。

ポイント

1 どんな人かをたずねるときは、"What are you like?" "What is (=What's) he/she like?"、または "What kind of person～?" を使います。

2 外見と同様、性格について説明するときも"人＋be動詞＋形容詞"で答えます。

性格をたずねる

▶ Track **070**

あなたはどんな人ですか。 What are you like? / What kind of person are you?

あなたのお父さん/お母さんはどんな人ですか。	What's your father/mother like?
あなたの奥さん/ご主人はどんな人ですか。	What's your wife/husband like?
あなたの息子さん/娘さんはどんな人ですか。	What's your son/daughter like?
お友達はどんな人ですか。	What's your friend like?
ボーイフレンド/ガールフレンドはどんな人ですか。	What's your boyfriend/girlfriend like?
パートナーはどんな人ですか。	What's your partner like?

性格を説明する

▶ Track 071

いい人です・優しいです・温かい人です

彼はいい人（親切）です。	He's nice.
彼は優しいです。	He's kind.
彼は気さくです。	He's friendly.
彼女は理解があります。	She's understanding.
彼女は温かいです。	She's warm.
彼女は話しやすいです。	She's easy to talk to.
彼女は聞き上手です。	She's a good listener.

明るい・積極的・行動的・社交的

私は明るいです。	I'm cheerful.

彼は外交的です。	He's outgoing.
彼は元気いっぱいです。	He's energetic.
彼は行動的です。	He's active.
彼はおもしろいです。	He's funny.
彼女は積極的です。	She's aggressive. ※ aggressiveは、「強気・強引」という意味でも使われます。
彼女は社交的です。	She's sociable.
彼女は楽観的です。	She's optimistic.

頭がいい

彼はするどいです。	He's sharp.
彼は知的です。	He's intelligent.
彼は頭がいいです。	He's smart.
彼女はかしこいです。	She's bright.
彼女は才能があります。	She's talented/gifted.
彼女は飲み込みが早いです。	She's a fast learner.

まじめ・責任感がある・信頼できる

彼はまじめです。	He's diligent.
彼は誠実です。	He's sincere.
彼は寛大/気前がいいです。	He's generous.
彼は信頼できます。	He's trustworthy.
彼は頼りになります。	He's reliable.

彼女は責任感があります。	She's responsible.
彼女はきちんとしています。	She's neat.
彼女は時間に正確です。	She's punctual.

意地悪・短気・自分勝手・頑固・神経質

彼は意地悪です。	He's mean.
彼は自分勝手です。	He's selfish.
彼は短気です。	He's short-tempered.
彼はとっつきにくいです。	He's unfriendly.
彼は頑固です。	He's stubborn.
彼は神経質です。	He has a nervous temperament.
彼はけちです。	He's stingy.
彼女は冷たい人です。	She's cold.

静か・内向的・悲観的・感情的

私は静かです。	I'm quiet.
彼は内向的（な人）です。	He's an introvert.
彼女は社交的ではありません。	She's unsociable.
彼女は悲観的です。	She's pessimistic.
彼女は恥ずかしがり屋です。	She's shy.
彼女は感情的です。	She's emotional.

人に頼ることが苦手・自己肯定感について

私は人に頼るのが苦手です。	I'm not good at asking people for help.
私は何でも自分で解決しようとします。	I try to solve everything by myself.
私は内にため込むタイプです。	I carry everything inside myself.
彼は心をなかなか開きません。	He doesn't open himself up easily.
彼女はなかなか本音を言いません。	She doesn't express what she's really thinking.
彼女は何を考えているのかわからない人です。	You never know what she's thinking.
彼女は自己肯定感が高い/低いです。	She has high/low self-esteem.

頼りにならない・責任感がない・信頼できない

彼女は頼りになりません。	She's unreliable.
彼女は責任感がありません。	She's irresponsible.
彼は信頼できません。	He's untrustworthy.
彼女はだらしないです。	She's sloppy.

その他の性格的特徴

彼は時間にルーズです。	He's never on time. / He has no concept of time.
彼は単純です。	He's simple-minded.
彼は口ばかりです。	He's only mouth.
彼はたいくつな人です。	He's boring.
彼は計算高いです。	He's calculating.
彼はいばっています。	He's bossy.
彼女はおしゃべりです。	She's talkative.
彼女は気取っています。	She's snobbish.
彼女は人をあやつるのがうまいです。	She's manipulative.
彼女は気分屋です。	She's moody.
彼女は欲ばりです。	She's greedy.

発展
03

好きなこと・嫌いなことについて話す

Likes and dislikes

特定のもの・ことが好きかどうかをたずねる

▶ Track 072

基本パターン

Do you like sports?	スポーツは好きですか。
Do you like traveling? Do you like to travel?	旅行は好きですか。
Do you enjoy cooking?	料理を楽しみますか。
Do you care for Japanese food?	日本食を好みますか。
Are you interested in English?	英語に興味はありますか。
Are you into K-pop?	K-popにはまっていますか。

ポイント

1 「あなたは～が好きですか」とたずねるときの基本表現は "Do you like＋名詞?" です。

2 「読書」や「音楽鑑賞」など、特定の行為・動作が好きか嫌いかをたずねるときは、"Do you like＋動詞ing?" または "Do you like to＋動詞" を使って質問します。

3 "Do you care for＋名詞?" も「～に興味/関心があるか・～を好むか」という意味で、「～が好きか・嫌いか」をたずねるときに用いられます。

4 また、“Do you enjoy～?”という表現を使って、「～することを楽しみますか」と、相手の好きなことをたずねることもできます。楽しいと感じる表現については「感情を表現する」の章（p.294）も参照してください。

5 「～に興味がありますか」とたずねる場合は、“Are you interested in＋名詞・動詞ing?”を使います。

6 “Are you into～?”は「～にはまっていますか・夢中ですか」とたずねたいときに用いることができます。

あなたは読書が好きですか。	Do you like reading?
音楽鑑賞は好きですか。	Do you like listening to music?
映画に行くことは好きですか。	Do you like going to the movies?
英語は好きですか。	Do you like English?
スポーツは好きですか。	Do you like sports?
旅行は好きですか。	Do you like to travel?
料理することは好きですか。	Do you like to cook?
アウトドアの活動を楽しみますか。	Do you enjoy outdoor activities?
あなたはからいものを好みますか。	Do you care for spicy food?
海外に住むことに興味はありますか。	Are you interested in living abroad?
K-popにはまっていますか。	Are you into K-pop?

好き・嫌いの簡単な受け答え

▶ Track 073

ポイント

好きかどうかをたずねられたとき、Noの場合、"No, I don't." "No, I'm not." だけの答えは、突き放している印象を与えてしまう可能性があり、会話もそこで止まってしまいます。嫌いな理由を説明したり、「Aは好きではありませんが、Bは好きです」のように会話を発展させることを心がけましょう。

I don't like to play sports, but I enjoy watching soccer games on TV.
「私はスポーツをすることは好きではありませんが、サッカーの試合をテレビで楽しく見ます」

好きです

はい、好きです。	Yes, I do. ※ "Do you like～?" の質問に対して。
はい、興味があります。 (はい、はまっています。)	Yes, I am. ※ "Are you interested in～?" "Are you into～?" の質問に対して。
とても好きです。	I like it very much.
大好きです。	I love it.
夢中になっています。	I'm into it.
まあまあ好きです。	I think it's okay.

まあまあ・嫌いです

そうでもありません。	Not really.
特に好きではありません。	Not particularly.

好きでも嫌いでもありません。	I can take it or leave it.
ゴルフ/テニスに興味がないです。	I don't care for golf/tennis.
それにまったく興味がありません。	I'm not interested in it at all.
いいえ、嫌いです。	No, I don't. ※ "Do you like～?" の質問に対して。
いいえ、興味がありません。 (いいえ、はまっていません。)	No, I'm not. ※ "Are you interested in～?" "Are you into～?" の質問に対して。
大嫌いです。	I hate it.
がまんできません。	I can't stand it.

好みをたずねる・答える

基本パターン

Q **What kind of food do you like?**
あなたはどんな食べ物が好きですか。
What's your favorite food? 好きな食べ物は何ですか。

A **I like Japanese food.** 私は和食が好きです。
I don't like spicy food. 私はからいものが嫌いです。
My favorite food is curry and rice.
好物はカレーライスです。

ポイント

1 「どんな～が好きですか」と相手の好みをたずねるときは "What kind of + 名詞 + do you like?" を使います。「好きな～は何ですか」とたずねるときは、"What's your favorite + 名詞 ?" です。

2 自分の好きなものを話すときは“I like＋名詞”のかたちを使います。また次の表現もよく使われます。

I'm into ～　「～に夢中です・はまっています」

I love ～　「～が大好きです」

I'm fond of ～　「～が好きです・～を好みます」

I enjoy ～　「～をするのが好きです・～することを楽しみます」

My favorite ～ is ～　「好きな～は～です」

3 嫌いなものを話すときは“I don't like＋名詞”になります。さらに以下の表現もよく使われます。

I don't care for ～　「～を好みません・～に関心がありません」

I don't care to do ～
「～することを好みません・～することに関心がありません」

I'm not into ～　「～にはまっていません」

I'm not interested in ～　「～に興味はありません」

好みをたずねる

▶ Track 074

あなたはどんな食べ物が好きですか。	What kind of food do you like?
どんな音楽が好きですか。	What kind of music do you like?
どんな本が好きですか。	What kind of books do you like?
どんな映画が好きですか。	What kind of movies do you like?

どんな仕事が好きですか。	What kind of work do you like?
好きなテレビ番組は何ですか。	What's your favorite TV program?
好きなスポーツは何ですか。	What's your favorite sport?
好きな本は何ですか。	What's your favorite book?
好きな余暇の過ごし方は何ですか。	What's your favorite pastime?
好きな歌手は誰ですか。	Who's your favorite singer? ※「誰か」をたずねる質問なのでWhoを使います。
好きな俳優は誰ですか。	Who's your favorite actor?
好きな作家は誰ですか。	Who's your favorite writer?

好み・好きなもの／ことを説明する

▶ Track 075

趣味・余暇

私は読書が好きです。	I like reading.
音楽鑑賞が好きです。	I like listening to music.
映画鑑賞が好きです。	I like watching movies.
私はスポーツを楽しみます。	I enjoy sports.
私は買い物が好きです。	I like shopping.
旅行が好きです。	I like traveling.
温泉に行くことが好きです。	I like going to hot springs.
散歩が好きです。	I like taking walks.

友達と出かけることが好きです。	I like to go out with my friends.
絵を描くことが好きです。	I like to draw.
陶芸をすることが好きです。	I like to do pottery.
ゲームをすることが好きです。	I like playing video games.
ヨガをすることが好きです。	I like to do yoga.
ジムに行って体を鍛えるのが好きです。	I like to go to the gym and work out.
好きな余暇の過ごし方は写真を撮ることです。	My favorite pastime is taking pictures.

食べ物

私は和食が好きです。	I like Japanese food.
イタリアンがとても好きです。	I like Italian food very much.
ステーキが好きです。	I like steak.
そばが好きです。	I like buckwheat noodles.
ラーメンが好きです。	I like ramen noodles.
エスニック料理が好きです。	I like ethnic food.
（韓国式）焼肉が大好きです。	I love Korean barbeque.
魚介類が好きです。	I like seafood.
スイーツが大好きです。	I love sweets.
さっぱりしたものが好きです。	I like something that isn't heavy and oily.

好物はカレーライスです。	My favorite food is curry and rice.
外食は好きではありません。	I don't like eating out.
野菜は嫌いです。	I don't like vegetables.
からいものは好みません。	I don't care for spicy food.

音楽・歌手

私は邦楽/洋楽ポップスが好きです。	I like Japanese/western pop music.
K-popが好きです。	I like K-pop.
クラシック愛好家です。	I'm a classical music fan.
オペラに夢中です。	I'm into opera.
私はジャズを好みます。	I'm fond of jazz.
ピアノ音楽がとても好きです。	I like piano music very much.
Mr. Childrenの曲をよく聴きます。	I often listen to the songs by Mr. Children.
寝る前にヒーリング音楽を聴きます。	I listen to healing music before going to bed.
好きな歌手はマライヤ・キャリーです。	My favorite singer is Mariah Carey.
好きな音楽グループはサザン・オール・スターズです。	My favorite music group is the Southern All Stars.
好きな曲はビートルズの『レット・イット・ビー』です。	My favorite song is "Let it be" by The Beatles.

私はハードロックはあまり好きではありません。	I don't like hard rock very much.
パンクは嫌いです。	I hate punk music.
特に好きな音楽はありません。	I don't have any particular music that I like.
私は音楽を好んで聴きません。	I don't care to listen to music.

本・小説・作家

私は推理小説が好きです。	I like detective novels.
日本文学が好きです。	I like Japanese literature.
恋愛小説が大好きです。	I love romance novels.
ノンフィクション（の話/本）が好きです。	I like non-fiction stories/books.
ファンタジー小説が好きです。	I like fantasy novels.
SF小説が好きです。	I like science fiction novels.
ハリーポッターシリーズが好きです。	I like the Harry Potter series.
エッセイ/短編集をよく読みます。	I often read essays/short stories.
マンガを読むことを楽しみます。	I enjoy reading comic books.
アメリカの現代文学が好きです。	I like contemporary American literature.
好きな本は『赤毛のアン』です。	My favorite book is "Anne of Green Gables."

好きな作家は村上春樹です。	My favorite author is Haruki Murakami.
小説には興味がありません。	I'm not interested in novels.
時間がないので長い小説は読みません。	I don't read long novels because I don't have time.
読書は好きではありません。	I don't like to read.

紙の書籍・電子書籍

※「2つのうち、どちらが好きかをたずねる・話す」(p.230)も参照。

私は電子書籍を読みます。	I read e-books.
オーディオブックを聴きます。	I listen to audiobooks.
読んだ本はリサイクルします。	I recycle the books I read.

映画・俳優

私はアクション映画が好きです。	I like action movies.
恋愛映画が好きです。	I like romance movies.
コメディーが好きです。	I like comedies.
サスペンス映画を楽しんで見ます。	I enjoy watching suspense films.
マンガの実写版が好きです。	I like live-action versions of comic books.
ホラー映画は嫌いです。	I don't like horror movies.
好きな映画は『トップガン』です。	My favorite movie is "Top Gun."

好きな俳優はトム・クルーズです。	My favorite actor is Tom Cruise.
宮崎駿のアニメが好きです。	I like Hayao Miyazaki's animation.

鑑賞のスタイル

大画面で楽しめるので、映画館で映画を見るのが好きです。	I like to watch movies in theaters because I can enjoy them on the big screen.
ドラマや映画は配信サービスを利用して見ます。	I watch dramas and movies using a streaming service.

テレビ番組

私はテレビを見ることが好きです。	I like watching TV.
バラエティー番組を見ることが好きです。	I like to watch comedy shows.
クイズ番組が大好きです。	I love the quiz shows.
ドラマを楽しんで見ています。	I enjoy watching dramas.
毎日、ニュースを見ます。	I watch the news every day.
毎週、ＮＨＫの大河ドラマを見ます。	I watch the history drama on NHK every week.
スポーツを見ることに興味がありません。	I'm not interested in watching sports.
テレビはあまり見ません。	I hardly watch TV.
テレビよりYouTubeを見ます。	I watch YouTube more than I watch TV.

スポーツ

私はスポーツをすることが好きです。	I like playing sports.
軽い運動が好きです。	I enjoy light exercises.
団体競技が好きです。	I like group sports.
球技が好きです。	I like ball games.
テニスをすることが好きです。	I enjoy playing tennis.
ゴルフに熱中しています。	I'm very much into golf.
マリンスポーツが大好きです。	I love marine sports.
スキューバダイビングに興味があります。	I'm interested in scuba diving.
最近、ピラティスにはまっています。	Recently, I'm into pilates.
毎年、駅伝を見ます。	I watch the long-distance relay race every year.
高校野球を見るのが好きです。	I like watching high school baseball.
ワールドカップ/オリンピックを見ます。	I watch the World Cup/Olympics.
スポーツには興味がありません。	I'm not into sports.
基本的に運動は好きではありません。	I basically don't like sports.

仕事 ※仕事の得意・不得意についての表現は「能力と特技」の章（p.233）も参照。

私は事務仕事が好きです。	I like office work.
人と接する仕事が好きです。	I like working with people.
営業をすることが好きです。	I like to do sales.
スプレッドシートに情報をまとめることが好きです。	I like to put information together on spreadsheets.
接客は好きではありません。	I don't like doing shop sales work.
1日中、座って事務仕事をするのは好きではありません。	I don't like to sit all day and do paperwork.

2つのうち、どちらが好きかをたずねる・話す

▶ Track 076

基本パターン

Q Which do you like better, meat or fish?
肉と魚ではどちらのほうが好きですか。

Which do you prefer, coffee or tea?
コーヒーと紅茶、どちらがいいですか。

A I like fish better. 魚のほうが好きです。

I prefer coffee. コーヒーのほうが好きです。

ポイント

1 「2つのうち、どちらが好きかをたずねる」ときは、"Which do you like better, A or B?" "Which do you prefer, A or B?" を使います。preferは、「〜よりも好む・好きである」という意味です。

2 答えるときは以下の表現を使いましょう。

I like A better.	「Aのほうが好きです」
I prefer B.	「Bのほうを好みます」

赤ワインと白ワインでは、どちらのほうが好きですか。
Which do you like better, red wine or white wine?

→ 赤ワインのほうが好きです。
I like red wine better.

海と山ではどちらのほうが好きですか。
Which do you like better, the sea or the mountains?

→ 泳ぐことが好きなので、海のほうが好きです。
I like the sea better because I like swimming.

アメリカとヨーロッパとではどちらに行きたいですか。
Where would you rather go, to America or Europe?

→ ヨーロッパに行きたいです。
I'd rather go to Europe.
※ratherは「(〜よりは) むしろ」の意。

会社で仕事をするのとリモートワークではどちらを好みますか。	Which do you prefer, working at the office or working remotely?
→ 通勤の必要がないので、リモートワークのほうが好きです。	I prefer working remotely because I don't have to commute.
→ オンとオフを切り替えられるので、会社で仕事をするほうが好きです。	I prefer working at the office because I can switch on and off. / I prefer working at the office because I can separate my work life and home life.

紙の書籍と電子書籍ではどちらが好きですか。	Which do you prefer, paper books or e-books?
→ 風合いがあるので、紙の書籍が好きです。	I like paper books because they have texture.
→ 目に優しいので、紙の書籍が好きです。	I like paper books because they are easy on the eyes.
→ 重い本を持ち歩く必要がないので、電子書籍が好きです。	I like e-books because I don't have to carry around heavy books.
→ 単語の意味をすぐに調べられるので、電子書籍が好きです。	I like e-books because I can look up the meaning of words quickly.

発展
04

能力と特技

Abilities and capabilities

「〜ができますか」：簡単な質問と受け答え

▶ Track 077

基本パターン

Q	Can you drive?	あなたは運転ができますか。
A	Yes, I can.	はい、できます。
	No, I can't.	いいえ、できません。

ポイント

1 「〜することができますか」と相手にたずねるときは"Can you +動詞?"を使います。
「はい」か「いいえ」で答えるときは次のように言います。

Yes, I can.　「はい、できます」
No, I can't.　「いいえ、できません」

2 "Can you〜?"を使って、「〜ができますか」とたずねることが、直接的で失礼になる可能性がある場合は、"Do you〜?"「〜しますか」を使いましょう。

Do you speak Japanese?　「あなたは日本語を話しますか」

3 「〜について詳しいですか・よく知っていますか」とたずねたいときは、"Are you familiar with〜?"という表現を使います。

語学・楽器

※語学の経験にまつわる表現は「経験についてたずねる・話す」の章（p.349）を参照。

あなたは英語を話しますか。	Do you speak English?
英語で日常会話はできますか。	Can you carry on a daily conversation in English?
字幕を見なくてもある程度映画がわかりますか。	Can you understand most of the movie without looking at the subtitles?
英検の級は持っていますか。	Do you have an Eiken test certification? ※「はい、持っています」"Yes, I do."、「いいえ、持っていません」"No, I don't." で答えます。
英語以外の外国語が話せますか。	Can you speak any foreign languages other than English?
何か楽器を演奏できますか。	Can you play any musical instruments?

仕事のスキル：パソコン・デジタル関係

あなたはMacに詳しいですか。	Are you familiar with Mac? ※「はい、詳しいです」"Yes, I am."、「いいえ、詳しくありません」"No, I'm not." で答えます。
Word/Excelは使えますか。	Can you use Word/Excel?
表計算はできますか。	Can you make spreadsheets?
PowerPointは使えますか。	Can you use PowerPoint?
動画制作はできますか。	Can you create videos?

ABCというソフトは使えますか。	Can you use the software ABC?

はい、できます

はい、できます。	Yes, I can.
ある程度はできます。	I can(do it), to a certain degree.
少しできます。	I can do it a little.
少しなら理解できます。	I understand it a little.
今、習っている最中です。	I'm learning it now.

いいえ、できません

いいえ、できません。	No, I can't.
あまりうまくできません。	Not very well.
まったく知りません。	I don't know it at all.
まったく理解できません。	I can't understand it at all. / I don't understand it at all.
申し訳ありませんができません。	Sorry, but I can't.
あまり得意ではありません。	I'm not very good at it.
まったく経験がありません。	I have no experience at all.

できること・できないことについて話す

▶ Track 078

基本パターン

I can speak English. 私は英語が話せます。
I'm able to have a daily conversation in English.
英語で日常会話ができます。
I understand a little Chinese. 私は中国語が少しわかります。

ポイント

1 「～することができます」と、能力を表す基本表現は can を使って、"I can＋動詞"になります。
"I'm able to＋動詞"も「～することができます」という意味で使われます。

2 「～がわかります・～を理解できます」と表現したいときは、"I understand～" を使います。

3 「～に詳しいです」と表現したいときは、"I'm familiar with ～" を使います。

4 「～ができません」と言うときは、否定形を使います。

I cannot (= can't)～	「私は～ができません」
I'm not able to～	「私は～することができません」
I'm not familiar with～	「私は～に詳しくありません」
I have a hard time+動詞ing	「私は～するのに苦労します・～がなかなかできません」
I cannot (= can't) understand～	「私は～を理解できません」

語学

私は英語を話せます。	I can speak English.
英語を少し話せます。	I can speak a little English.
英語で日常会話ができます。	I'm able to have a daily conversation in English.
相手がゆっくり話してくれれば理解できます。	I'm able to understand it if they speak slowly.
文法はわかりますが、話せません。	I understand the grammar, but I can't speak it.
相手の言っている内容はだいたいわかりますが、英語で自分の言いたいことが伝えられません。	I can understand what they're saying, but I can't express myself in English.
私はイタリア語が少しわかります。	I can understand a little Italian.
英語とフランス語を話せます。	I can speak English and French.
英語はあまりうまく話せません。	I can't speak English very well.
自分で文章を作れません。	I can't make my own sentences.
速く話されると何を言っているのか理解できません。	I can't understand what they're saying when they speak fast.
とっさの一言が出てきません。	I can't come up with the right words at that precise moment.
単語をなかなか覚えられません。	I have a hard time memorizing words.

単語の発音がなかなかうまくできません。	I have a hard time pronouncing the words. ※ "have a hard time"で「苦労する・困難に感じる」の意。

スポーツ

私はテニスができます。	I can play tennis.
スキーが少しできます。	I can ski a little.
サーフィンがかなりできます。	I can surf quite well.
ヨガのポーズがいくつかできます。	I can do some yoga poses.
走るのが速いです。	I can run fast.
泳ぎがうまいです。	I can swim well.
速く走れません。	I can't run fast.
長く泳げません。	I can't swim long distance.
スポーツはまったくできません。	I can't play any sports.

料理・趣味・楽器の演奏

私は料理ができます。	I can cook.
ピアノが弾けます。	I can play the piano.
ギターが少し弾けます。	I can play the guitar a little.
歌がうまいです。	I can sing well.
絵が描けます。	I can draw.
クリエイティブなことはまったくだめです。	I can't do anything creative.

料理はあまりうまくないです。	I can't cook very well. / I'm not a good cook.
楽器はまったく演奏できません。	I can't play any instruments.
歌があまりうまくないです。	I can't sing well.
絵は下手です。	I can't draw at all.

パソコン技術

私はMacについて詳しいです。	I'm familiar with Mac.
デジタル関係は一通りできます。	I'm capable of using most digital related things. ※"be capable of 動詞ing"で「～する能力がある」の意。
ソフトを使って集計表/プレゼンを作成できます。	I can create spreadsheets/presentations using the software.
動画編集ができます。	I can edit videos.
(Photoshopを使って)画像編集ができます。	I can edit images (using Photoshop).
基本のプログラミング言語について知っています。	I'm familiar with basic programming languages.
PowerPointを使ってプレゼンを作ることができます。	I can create presentations using PowerPoint.
ウェブ制作/デザインができます。	I can create/design websites.
そのソフトに詳しくありません。	I'm not familiar with that software.

性格的にできること・できないこと

私は思ったことをはっきり言えます。	I can clearly say what I feel.
物事を客観的に見ることができます。	I can see things objectively.
物事を前向きにとらえることができます。	I can see things positively.
動揺から立ち直るのが早いです。	I can regain my composure quickly.
うまく自己表現ができません。	I can't express myself smoothly.
思ったことをはっきりと言えません。	I can't clearly say what I feel.
思ってもすぐに実行できません。	I can't put my thoughts into action.
気持ちの切り替えがなかなかできません。	I can't switch my mood easily.

自分の得意なこと・苦手なことについて話す

▶ Track 079

基本パターン

I'm good at conversation.	会話が得意です。
I'm not good at grammar.	文法は苦手です。
I'm bad at pronunciation.	発音は下手です。

ポイント

1 「私は～(をすること)が得意です」は "I'm good at＋得意なこと(名詞・動詞ing)"のかたちを使います。「わりと得意です」と伝えたいときは、"I'm pretty good at～"となります。

2 「私は～(をすること)が苦手・不得意です」と伝えたいときは、"I'm not good at～"を使います。

3 また、「私は～が下手です」と言うときは "I'm bad at～"を使います。

4 相手に「あなたは何が得意ですか」とたずねたいときは、"What are you good at?"を使いましょう。

語学

私は語学が得意です。	I'm good at languages.
英語は得意です。	I'm good at English.
会話が得意です。	I'm good at conversation.
作文を書くのはわりと得意です。	I'm pretty good at writing compositions.
リスニングは得意ではありません。	I'm not good at listening comprehension.
文法は苦手です。	I'm not good at grammar.
緊張するので、スピーキングは苦手です。	I'm not good at speaking because I get nervous.
単語の暗記が苦手です。	I'm not good at memorizing words.

単語を覚えても、すぐに忘れてしまいます。	Even if I memorize some words, I forget them immediately.
私は語学学習に向いていません。	I'm not cut out for language learning. ※“be cut out for～”は「～に適している」の意。

スポーツ

運動は得意です。	I'm good at sports.
運動神経はわりといいです。	I'm quite athletic.
身体を動かすことは得意です。	I'm good at physical activities.
水泳/ジョギングが得意です。	I'm good at swimming/jogging.
球技が得意です。	I'm good at ball games.
運動は苦手です。	I'm not good at sports. / I'm not sporty.
私は運動神経が鈍いです。	I'm not very athletic.

仕事

事務仕事が得意です。	I'm good at office work.
パソコン操作が得意です。	I'm good at using computers.
リサーチが得意です。	I'm good at research.
資料整理をすることが得意です。	I'm good at organizing materials.
営業に向いています。	I'm geard for sales. ※“be geard for～”は「(技術などが)～向けである」の意。

ものを教えるのは得意です。	I'm good at teaching.
人と接する仕事が向いています。	I'm geard for working with people.
プレゼンをすることが得意です。	I'm good at making presentations.
営業は向いていません。	I'm not cut out for sales.
プレゼンをすることが苦手です。	I'm not good at making presentations.
交渉ごとが苦手です。	I'm not good at negotiation.
共同作業は得意ではありません。	I'm not good at working in a group.
私はデザインセンスがありません。	I have no talent for design. ※ "have no talent for～" は「～する才能がまったくない」の意。
デジタル関係は苦手です。	I'm not good at digital related things.
表計算は苦手です。	Spreadsheets are not my forte. ※ "be one's forte" は「強み・得意である」の意。

科目・分野・技術

私は数学/国語が得意です。	I'm good at math/Japanese.
暗記には自信があります。	I'm confident in my ability to memorize things. ※ "be confident in～" は「～に自信がある」の意。
クリエイティブなことが得意です。	I'm good at creative work.
私は手先が器用です。	I'm good with my hands.

手先は不器用です。	I'm not good with my hands. / I'm all thumbs. ※「器用・不器用」に関しては、"good with"を使います。
スピーチをすることが苦手です。	I'm not good at making speeches.
数字に弱いです。	I'm bad at numbers and figures.
文章を書くことは苦手です。	I'm not good at writing.

性格的に得意なこと・苦手なこと

※「外見と性格を説明する」の章（p.216）も参照。

私は話し上手です。	I'm good at talking. / I'm a good talker.
聞き上手です。	I'm good at listening. / I'm a good listener.
人付き合いは得意です。	I'm good at socializing.
人前に出るのは得意です。	I'm good at participating in front of people.
自分を表現することが得意です。	I'm good at expressing myself.
プレッシャーに強いです。	I do well under pressure.
誰とでもすぐに友達になれます。	I'm quick to make friends with anyone.
私はプレッシャーに弱いです。	I don't do well under pressure.
口下手です。	I'm not good at talking. / I'm not a good talker.

人前に出ることが苦手です。	I'm not good at participating in front of people.
整理整頓をすることは苦手です。	I'm not good at organizing.
自分の意見を言うことは苦手です。	I'm not good at stating my opinions.
自己表現が下手です。	I'm bad at expressing myself.
集団行動が苦手です。	I'm not good at group activities.

自分以外の人の得意なことや才能について説明する | ▶ Track 080 |

ポイント

不得意なことや才能について話すとき、次のような表現もあります。

be capable of+動詞ing	「～することができる・～する能力がある」
have a talent/gift for～	「～の（する）才能がある」
be well versed in～	「～に精通している・長けている」

彼はテクノロジーに精通しています。	He is tech savvy. ※ savvyは「情報通・物知り」の意。
彼女は歴史の造詣が深いです。	She is well versed in history.
彼はアイディアを形にする才能があります。	He has a talent for putting ideas into practice.
彼女には人の気持ちを察する才能があります。	She has a gift for understanding people's feelings.

彼女は冷静な判断をすることができます。	She's capable of making rational decisions.
彼は状況を的確に把握することができます。	He's able to assess situations accurately.
彼女は時事問題に精通しています。	She's familiar with current events.
彼は空気を読むことができます。	He can read between the lines.
彼女は細部まで気配りができます。	She's attentive to details. ※ "be attentive to～" で「～に注意を払う」の意。

発展 **05**

希望と願望

Wishes and desires

ほしいものについてたずねる・答える

基本パターン

Q	What do you want now?	今、何がほしいですか。
A	I want a new computer.	新しいパソコンがほしいです。

ポイント

1 「私は〜がほしい(です)」と、自分がほしいものについて説明するときは "I want＋ほしいもの(名詞)"のかたちを使います。単数のときは名詞の前にa/anをつけます。

2 「〜がほしいです・ほしいと思います」と、少し婉曲的に表現したい場合は、"I would like＋ほしいもの(名詞)"のかたちを使います。I wouldの短縮形はI'dとなります。

3 ほしいものを伝える表現は「買い物をする」の章(p.394)も参照してください。

ほしいものをたずねる

▶ Track **081**

誕生日に何がほしいですか。	What do you want for your birthday?
クリスマスに何がほしいですか。	What do you want for Christmas?

ほしいもの・ほしくないものを答える

▶ Track 082

服や身に付けるもの

私は夏服/冬服がほしいです。	I want summer/winter clothes.
新しいスーツがほしいです。	I want a new suit.
ワンピースがほしいです。	I want a dress.
インナーがほしいです。	I want inner wear.
ボトムスがほしいです。	I want bottoms.
ジャケット/コートがほしいです。	I want a jacket/coat.
パンプスがほしいです。	I want pumps.
革のブーツがほしいです。	I want a pair of leather boots.
サンダルがほしいです。	I want a pair of sandals.
プラダのハンドバッグがほしいです。	I want a PRADA handbag.
ピアス/イヤリングがほしいです。	I want pierced-earrings/earrings.
シルバー/ゴールドのアクセサリーがほしいです。	I want silver/gold jewelry.
ダイヤのネックレス/リングがほしいです。	I want a diamond necklace/ring.

パソコン・電化製品・車・ペット

新しいパソコンがほしいです。	I want a new computer.
新しいノート型パソコンがほしいです。	I want a new laptop.

タブレット/iPadがほしいです。	I would like a tablet/iPad.
中古品でもいいのでiPadがほしいです。	I would like an iPad, even a second hand one.
最新のスマホがほしいです。	I want the latest smartphone.
Bluetoothのスピーカーがほしいです。	I want a Bluetooth speaker.
ワイヤレスイヤホン/ヘッドホンがほしいです。	I want wireless earphones/headphones.
ノイズキャンセリングヘッドホンがほしいです。	I want noise-canceling headphones.
ゲームソフトがほしいです。	I want some game software.
お掃除ロボットがほしいです。	I want a cleaning robot.
新しい車がほしいです。	I want a new car.
犬/猫がほしいです。	I want a dog/cat.

ほしくないもの

ポイント

「〜はほしくないです」と伝えたいときは、否定形を使って、"I don't want＋名詞"になります。

仕事のストレスはほしくないです。	I don't want stress from work.
人間関係のしがらみはほしくないです。	I don't want relationship constraints.
金銭面で苦労するのは嫌です。	I don't want any financial challenges.

あれば嬉しいと思う気持ちを表現する

▶ Track 083

ポイント

1 実際にはなくても、「〜があったらいいな」という気持ちを伝えたいときは、"I wish I had〜"(仮定法)を使います。動詞のhaveは過去形を使います。

2 また、"It would be nice if I had〜"という表現を使って、「〜があったらいいだろうな・素敵だろうな」という願望を表すことができます。

自分のワークスペースがあればいいのに。	I wish I had my own workspace.
もっと自由な時間があればいいのに。	I wish I had more free time.
もっと長い休暇を取れたらいいのに。	I wish I had longer vacations.
もっと収入があればいいのに。	I wish I had more income.
誰か話ができる人がいればいいのに。	I wish I had someone to talk to.
パートナーがいれば素敵だなと思います。	It would be nice if I had a partner.
長時間の通勤をしなくてすめばいいのに。	I wish I didn't have to commute long hours.

やりたいことについてたずねる・答える

基本パターン

Q	What do you want to do?	何がしたいですか。
	Where do you want to go?	どこに行きたいですか。
A	I want to go shopping.	私は買い物に行きたいです。
	I would like to take a trip.	旅行に行きたいです。
	I would love to go to Hawaii.	ハワイにぜひ行きたいです。
	I wish to stay home.	できれば家にいたいです。
	Going to hot springs would be nice.	温泉に行くのはいいですね。

ポイント

1 「～したいです」と自分のやりたいことを話すときは、"I want to＋動詞"を使います。"I would like to＋動詞"は丁寧な表現で、「～したいです・してみたいです・したいと思います」という気持ちを伝えることができます。強い希望を表すときは"I'd love to＋動詞"、願望を表すときは"I wish to＋動詞"のかたちを使います。

2 「～するのはいいですね・楽しいですね」という気持ちを伝えたいときは、"名詞・動詞ing＋would be nice/fun."のかたちで表現することができます。

何をしたいかをたずねる

▶ Track 084

今、何がしたいですか。	What do you want to do now?
一番したいことは何ですか。	What do you want to do most?

今晩/明日、何をしたいですか。	What do you want to do tonight/tomorrow?
今週末、何をしたいですか。	What would you like to do this weekend?
3連休の週末に何をしたいですか。	What do you want to do during the 3-day weekend?
今年の夏/冬に何をしたいですか。	What do you want to do this summer/winter?
何を食べたいですか。	What do you want to eat? / What would you like to have?
何を見たいですか。	What do you want to see?
どこに行きたいですか。	Where do you want to go?
今、時間とお金があったら何をしたいと思いますか。	What would you like to do if you had time and money?

自分のしたいことを説明する

▶ Track 085

のんびりしたい

家でのんびりしたいです。	I want to stay home and relax.
身体を休めたいです。	I want to rest my body.
仕事から解放されたいです。	I want to be freed from work.
ゲームをしたいです。	I want to play video games.
好きなドラマを一気に見たいです。	I want to binge-watch my favorite dramas.

外出

外に出て気分転換をしたいです。	I want to go out and refresh my mind.
散歩に行きたいです。	I want to go for a walk.
買い物に行きたいです。	I want to go shopping.
新しい服を買いたいです。	I want to buy new clothes.
映画に行きたいです。	I want to go to the movies.
勉強/仕事をしにカフェに行きたいです。	I want to go to a café to study/work.
おしゃれなレストランに行っておいしいものを食べたいです。	I want to go to a nice restaurant and eat something delicious.
友達と出かけたいです。	I want to go out with my friends.
友達とおいしい食事をしたいです。	I want to have a nice meal with my friends.
ドライブに行きたいと思います。	I'd like to go for a drive.

スポーツ

運動をしたいです。	I want to exercise.
スポーツをしたいです。	I want to play sports.
ヨガをしたいです。	I want to do yoga.
ジムに行って身体を鍛えたいです。	I want to go to the gym and work out.

アート

好きな歌手のコンサートにぜひ行きたいです。	I'd love to go to my favorite singer's concert.
美術館の展覧会にぜひ行きたいです。	I'd love to go to an exhibition at a museum.

セルフケア

私は瞑想したいです。	I want to meditate.
ぜひマッサージを受けたいですね。	Getting a massage would be nice.
ヘアサロンに行きたいです。	I want to go to a hair salon.
ぜひネイルをしてもらいたいです。	I'd love to get my nails done.
ヘッドスパを受けたいです。	I want to get a head spa.
サウナに行きたいです。	I want to go to a sauna.

人と過ごしたい

私は家族水入らずの時間を過ごしたいです。	I want to spend some time with my family.
できればパートナーと一緒にいたいです。	I wish to spend time with my partner.
友達とお茶/ランチしたいです。	I want to have tea/lunch with friends.
仲間とバーベキューをしたいです。	I want to have a barbecue with a group of friends.

私は箱根に旅行に行きたいです。	I want to take a trip to Hakone.
温泉に行きたいです。	I want to go to hot springs.
沖縄に行きたいです。	I want to go to Okinawa.
お寺巡りをしたいです。	I want to visit temples.
史跡を訪れてみたいです。	I would like to visit historical sites.
キャンプに行けたら楽しいですね。	Going camping would be fun.
自然の中でのんびりできたらいいですね。	Spending time in nature would be nice and relaxing.
イタリアに旅行したいです。	I want to travel to Italy.
できれば世界を旅してみたいです。	I wish to travel around the world.
世界遺産を訪れたいと思います。	I would like to visit World Heritage Sites.
東南アジアの国々に行ってみたいです。	I'd like to visit Southeast Asian countries.
車でアメリカを横断したいです。	I want to drive across America.
ヨーロッパを周ってみたいです。	I wish to travel across Europe.
フランスのルーブル美術館に行ってみたいです。	I'd like to visit the Louvre in France.

将来の夢・希望・願望についてたずねる・答える

基本パターン

Q What do you want to do in the future?
あなたは将来、何がしたいですか。

What are your future dreams?
将来の夢は何ですか。

A I want to study abroad. 私は留学したいです。

I would like to have a creative job.
クリエイティブな仕事をしてみたいです。

I want to be a teacher. 私は教師になりたいです。

I want to be able to speak English.
英語が話せるようになりたいです。

My dream is to have my own shop.
私の夢は自分の店を持つことです。

ポイント

1 「～したいです・してみたいです」と自分の夢や希望について話すときは "I want/would like to＋動詞" を用います。

2 「～になりたいです」と言いたいときは"I want to be a/an＋なりたいもの（名詞）"のかたちを使います。

3 「～ができるようになりたいです」と言いたいときは"I want to be able to＋動詞"のかたちを用います。

4 「私の夢は～です」の表現は "My dream is to＋動詞" です。

将来、何をしたいかをたずねる

▶ Track 086

あなたは将来、何がしたいですか。	What do you want to do in the future?
将来、何になりたいですか。	What do you want to be in the future?
将来の夢は何ですか。	What are your future dreams?
今年/来年の目標は何ですか。	What are your goals for this/next year?

将来の夢や希望について話す

▶ Track 087

将来の夢・やりたいこと・なりたいもの

※ 職業・職種のリストは「自己紹介をする」の章（p.36）を参照。

私は教師になりたいです。	I want to be a teacher.
私の夢は弁護士になることです。	My dream is to become a lawyer.
国家公務員になりたいです。	I want to become a national government employee.
介護士として経験を積みたいです。	I want to gain experience as a caregiver.
私の夢は海外に住んで働くことです。	My dream is to live and work abroad.
私の夢は自分の店を持つことです。	My dream is to have my own shop.
給料がいい会社で働きたいです。	I would like to work for a company that pays well.

福利厚生がしっかりとしている会社で働きたいです。	I would like to work for a company that offers good benefits.
3年後には独立して、起業したいです。	I want to be independent and start my own business in 3 years.
資金を貯めて5年後には自分のレストランをオープンしたいです。	I want to save money and open my own restaurant in 5 years.

希望の職種・分野

私は自分の英語力を生かせる仕事につきたいです。	I want to have a job where I can make use of my English skills.
クリエイティブな仕事がしてみたいです。	I would like to have a creative job.
福祉に携わりたいです。	I want to work in welfare.
医療/教育に携わりたいです。	I want to work in the medical/education field.
環境に関わる仕事をしたいです。	I want to engage myself in environmental work.
動物を助ける仕事をしたいです。	I want to do something to help animals.
オンラインでコーチングをしたいです。	I want to do online coaching.

働き方・ライフスタイル

私はフリーランスで働きたいです。	I would like to work freelance.

自宅でできる仕事をしたいです。	I want to work from home.
オンラインで、どこででもできる仕事につきたいです。	I would like to have a job where I can work online from anywhere.
時間の融通が利く職につきたいと思います。	I would like to have a job with flexible hours.
週3日ほどの勤務を希望しています。	I would like to work about 3 days a week.
扶養の範囲内で働きたいです。	I want to work and earn enough to still qualify as a dependent.
家事や育児と仕事のバランスをとりながら働きたいです。	I want to balance work with housework and childcare.

語学

私は英語を流暢に話せるようになりたいです。	I want to be fluent in English.
英語で言いたいことを伝えられるようになりたいです。	I want to be able to express myself in English.
オンライン英会話を受け始めてみたいです。	I want to start taking online English conversation lessons.
英文法の基礎を学び直したいです。	I want to review the basics of English grammar.
字幕なしで映画がわかるようになりたいです。	I want to be able to understand the movies without the subtitles.
今年、英検準1級を受けたいです。	I want to take the Eiken Pre-1 test this year.

英検1級に合格したいです。	I want to pass the Eiken Grade 1 test.
TOEICで900点以上とりたいです。	I want to score 900 or higher on the TOEIC test.
中国語/フランス語を学び始めたいです。	I would like to start learning Chinese/French.

留学・ボランティア・視野を広げる

私は留学したいです。	I want to study abroad.
海外でボランティア活動をしたいです。	I want to do volunteer work abroad.
海外の人と交流したいです。	I want to interact with people from around the world.
自分の世界を広げたいです。	I want to broaden my world.
いろいろな人に会いたいです。	I want to meet many different kinds of people.
もっと自分に自信をつけたいです。	I wish to gain more self-confidence.
自己肯定感を上げたいです。	I want to raise my self-esteem.
新しいこと/いろいろなことにチャレンジしたいです。	I'd like to try new/many different things.
人脈を広げたいです。	I want to expand my network.

結婚・家庭

私は結婚したいと思います。	I would like to get married.
シングルでもいいです。	I don't mind being single.
子供はほしいです。	I want to have children.
子供はいなくてもいいです。	I don't mind not having children.
ペットを飼いたいです。	I want to have a pet.
私の夢は結婚して家庭を持つことです。	My dream is to get married and have a family.
結婚しても仕事は続けたいと思います。	I wish to continue working even after I get married.
結婚したら仕事は辞めたいです。	I want to quit working after I get married.

住まい

私は自分の家を持ちたいです。	I want to have my own house.
家をリフォームしたいです。	I want to renovate my house.
都心のマンションに住みたいです。	I want to live in a condominium in the city center.
古民家を改装して住みたいです。	I want to renovate and live in an old traditional Japanese house.
海の近くに住みたいです。	I want to live near the sea.
駅の近くの便利なところに住みたいです。	I want to live in a convenient place near a station.

郊外に引っ越したいです。	I want to move to the suburbs.
鎌倉に引っ越したいです。	I want to move to Kamakura.
地元に帰りたいです。	I want to return to my hometown.
両親と同居して面倒をみたいです。	I want to live with my parents and take care of them.

健康・美容・定年後の過ごし方

私はやせたいです。	I want to lose weight.
美しく歳を重ねたいです。	I want to age beautifully.
健康で長生きしたいです。	I wish to be healthy and live a long life.
穏やかな余生を過ごしたいです。	I want to spend the rest of my life in peace and quiet.
子供と孫に囲まれて幸せに暮らしたいです。	I want to live a happy life surrounded by my children and grandchildren.
定年後も社会とつながっていたいです。	I want to stay connected to society even after retirement.

避けたいこと・やりたくないもの

ポイント

「～したくありません・～したいと思いません」という否定のかたちは、"I don't want to＋動詞" "I wouldn't want to＋動詞"です。

フルタイムでは働きたくないです。	I don't want to work full-time.
私は義理の両親と同居したいとは思いません。	I wouldn't want to live with my in-laws.
まだ結婚はしたくないです。	I don't want to get married yet.
地元から離れたくないです。	I don't want to leave my hometown.

発展 06

誘う・提案する

Invitations and making suggestions

何をしようか相手に問いかける

▶ Track 088

基本パターン

What shall we do?	何をしましょうか。
Where shall we go?	どこに行きましょうか。

ポイント

「何をしましょうか」「どこに行きましょうか」と相手にたずねるときは “What/Where + shall we + 動詞?”を使います。何をしたいか相手の意向をたずねるときは “What do you want to do?”を使います。（「希望と願望」の章の「やりたいことについてたずねる・答える」(p.251)を参照）

何をしましょうか。	What shall we do?
どこに行きましょうか。	Where shall we go?
何を食べましょうか。	What shall we eat?
ランチ / ディナーはどこに行きましょうか。	Where shall we go for lunch/dinner?

誘う・提案する

▶ Track 089

基本パターン

Do you want to go to the movies?	映画に行かない？
Would you like to go shopping?	買い物に行きませんか。
Let's go out.	出かけましょう。
How about going to the movies?	映画に行くのはどうでしょう。
Why don't we go for a drive?	ドライブに行きませんか。
Why not visit Kyoto?	京都に行かない？
Shall we go to Yokohama?	横浜に行きましょうか。

ポイント

1 「〜をしたいですか・しませんか」と、人を誘う場合の基本表現は "Do you want to＋動詞?" "Would you like to＋動詞?" です。「〜をしましょう」とストレートに誘うときは、"Let's＋動詞"を使います。

2 「〜はどうでしょう」と提案するときは "How about＋名詞・動詞ing?"のかたちを使います。また、"Why don't we＋動詞?"「〜をしませんか」や "Why not＋動詞?"「〜しない？」を使って提案することもできます。

3 "Shall we＋動詞?"は「〜しましょうか」という提案の表現です。

連絡先を交換する

※ 連絡先にまつわる表現は「相手について質問する」（p.32）とLINEについてのセクション（p.375）も参照。

連絡先を交換しませんか。	Would you like to exchange contact information?
（連絡先は）何がいいですか。	What do you have/prefer?
LINE/インスタはどうですか。	How about LINE/Instagram?
インスタからDMを送ってください。	Please send me a DM from Instagram.
私のメールアドレスを送ります。	I will send you my email address.

出かけませんか

※ 相手の都合をたずねる表現は「日時を提案する」のセクション（p.273）も参照。

今週末、出かけませんか。	Do you want to go out this weekend?
今夜、会えますか。	Can I see you tonight?
明日、空いていますか。	Are you free tomorrow?
土曜日は予定がありますか。	Do you have any plans for Saturday?
スカイツリーに行きませんか。	Why don't we go to Skytree?
一緒に花火大会に行きませんか。	Would you like to go to a fireworks show with me?
ドライブに行くのはどうでしょう。	How about going for a drive?

食事をしませんか

※ 店についての描写は「感想・意見を述べる」の章(p.328)を参照。

今度、一緒に食事をしませんか。	Would you like to have dinner with me sometime?
ランチを一緒にいかがですか。	Would you like to join me for lunch?
いいお店を知っています。	I know a good place.
コーヒーでも飲みに行きましょう。	Let's go and have a cup of coffee.
フランス料理を食べに行きませんか。	Why don't we go and have French food?
駅の近くの新しいレストランを試してみましょうか。	Shall we try the new restaurant near the station?
今度、飲みに行きませんか。	Would you like to go out for a drink sometime?
ピザを頼みましょうか。	Shall we order pizza?
デリバリーを頼みましょうか。	Shall we order food delivery?

買い物・映画・コンサート・スポーツ・イベント

一緒に買い物に行きましょう。	Let's go shopping together.
渋谷に買い物に行きませんか。	Would you like to go shopping in Shibuya?
映画に行かない?	Do you want to go to the movies?
『スター・ウォーズ』はどう?	How about "Star Wars"?

展覧会のチケットが2枚あります。一緒に行きませんか。	I have two tickets for the exhibition. Would you like to go with me?
一緒にクラシックのコンサートに行きませんか。	Would you like to go to the classical concert with me?
今度、テニスをしましょう。	Let's play tennis sometime.

旅行・ツアー・イベント

今度の週末に温泉に行きませんか。	Would you like to go to the hot springs next weekend?
観光の日帰りツアーに参加しませんか。	Would you like to go on a sightseeing day tour?
箱根のパワースポットに行かない?	Why not visit the power spots in Hakone?
近場で1泊旅行はどうでしょう。	How about taking an over-night trip somewhere nearby?
一緒にキャンプに行きませんか。	Would you like to go camping together?
夏休みにハワイに行きましょう。	Let's go to Hawaii during the summer vacation.
安い台湾行きのツアーがあるのですが、興味がありますか。	There is a cheap tour to Taiwan. Are you interested?

うちに招く

今度うちに遊びに来てください。	Please come to my place sometime.

うちで会うのはどうでしょう。	How about meeting at my place?
今度の土曜日にうちでディナーパーティーをするのですが、来ませんか。	We're having a dinner party at our house this coming Saturday. Would you like to come?

誘いを受ける

▶ Track 090

いいですよ。	Okay.
もちろん。	Sure.
いいですね。	Why not.
はい、ぜひ!	I'd like to!
はい、喜んで!	I'd love to!
はい、そうしましょう。	Yes, let's do that.
それはいいですね。	That sounds good.
今から楽しみにしています。	I'm looking forward to it.
どうしてもって言うのなら…。(あまり乗り気ではない)	If you want me to.

誘いを断る

▶ Track 091

ポイント

誘いを断るときは、I'm sorryやI'm afraidという表現を使うと、「申し訳ない・残念である」という気持ちを伝えることができます。

申し訳ないけれど、行けません。	I'm sorry, but I can't go.
残念ですが、その日は都合が悪いです。	I'm afraid I can't make it that day.
都合がつけばよかったのですが、残念です。	I wish I could, but I can't.
残念です。	Too bad.
山田さんに聞いてみてはいかがですか。	Why don't you ask Mr./Ms. Yamada?
いずれにせよ、誘ってくれてありがとう。	Thank you for asking anyway.

断る理由を述べる

▶ Track 092

基本パターン

I can't go because I have work. 仕事があるので行けません。
I have to study for the test. 試験勉強をしなくてはなりません。
I'm busy with my studies. 勉強で忙しいです。

ポイント

1 誘いを断る場合、SorryやI'm afraidを使って残念な気持ちを伝えてから、断る理由を述べます。

2 断る理由として、「～があるから」と言うときは "I have＋動詞"、「～をしなくてはならないので」と義務を表すときは "I have to＋動詞"のかたちを使います。「～で忙しいです」と伝えたいときは、"I'm busy with～"を使います。

用事があります。	I have errands to run.
仕事があるので行けません。	I can't go because I have work.
あいにくその日は別の予定が入っています。	I'm afraid I already have other plans that day.
今月は予定がうまっています。	My schedule is full this month.
学校/塾があります。	I have school/cram school.
部活があります。	I have club activities.
宿題をしなくてはなりません。	I have to do my homework.
試験勉強をしなくてはなりません。	I have to study for the test(s).

仕事で忙しいです。	I'm busy with work.
勉強で忙しいです。	I'm busy with my studies.
友達と会うことになっています。	I'm meeting my friend.
デートがあります。	I have a date.
疲れているので。	I'm tired.
時間がないので。	I don't have time.
体調が悪くて。	I'm not feeling well.
はっきりとした予定がまだわからないので。	I'm not sure about my schedule yet.
悪いけれど、あまり興味がないので。	Sorry, but I'm not interested.
私は別のことがしたいです。	I'd rather do something else.

別の日にち・曜日を提案する

▶ Track 093

基本パターン

How about next Friday?	今度の金曜日はどうですか。
I'm free on the 25th.	25日は空いています。
I'm free on Saturday.	土曜日は空いています。
I'm free in the morning.	午前中は空いています。
I'm free from 9:00 to 11:00 in the morning.	午前9時から11時まで空いています。

ポイント

1 別の日時を提案するときは、"How about＋曜日・時間帯?"を使います。

2 「〜は空いていますか」と相手にたずねたいときは、"Are you free＋日時?"や、"Are you available＋日時?"を使います。availableは「空いている・対応できる・都合がいい」の意味です。

3 「(曜日・時間帯)なら空いています」と言うときは、"I'm free＋曜日・時間帯"になります。具体的な曜日・日にちの前にはonを、午前(morning)・午後(afternoon)・晩(evening)の前にはin theをつけましょう。「〜時から〜時まで」の場合は、"from〜 to〜"を使います。(→p.61)

日時を提案する

土曜日はどうですか。	How about Saturday?
あなたの来週のスケジュールはどんな感じですか。	How does your schedule look for next week?
金曜日でしたらご都合が合いますか。	Is Friday convenient for you? / How does your schedule look for Friday?
木曜日はご都合がつきますか。	Are you available on Thursday?
今度の日曜日は空いていますか。	Are you free this Sunday?
急ですが、明日はいかがですか。	I know this is short notice, but how about tomorrow?

少し先になりますが来月の10日はいかがですか。	I know it's a little far away, but how about the 10th of next month?

提案に対して答える

日曜日は空いています。	I'm free on Sunday.
30日は大丈夫です。	I'm free on the 30th.
来週の火曜なら空いています。	I'm free next week Tuesday.
午前中/午後だったら空いています。	I'm free in the morning/afternoon.
3時から5時まで空いています。	I'm free from 3:00 to 5:00.
7時以降なら空いています。	I'm free after 7:00.
平日だったら夜のほうがいいです。	The evening would be better if it's on a weekday.
金曜日の夜だったら空いています。	I'm free on Friday evening.
水曜日の午後でしたら、対応が可能です。	I'm/We're available on Wednesday afternoons.

※ 本人の場合、主語はIを使います。ショップや会社を表すとき、主語はWeです。

具体的な日時を決める

▶ Track 094

基本パターン

Let's meet at Yokohama.	横浜で会いましょう。
Let's meet on Sunday.	日曜日に会いましょう。
Let's meet around noon.	お昼ごろ会いましょう。

ポイント

「(時間・場所) にしましょう」は “Let’s meet + 時間・場所” になります。

いつ・どこで会いましょうか

いつ会いましょうか。	When shall we meet?
何時に会いましょうか。	What time shall we meet?
どこで会いましょうか。	Where shall we meet?
あなたはいつ来られますか。	When can you come by?

時間と曜日を決める

今度の日曜日に会いましょう。	Let’s meet next Sunday.
お昼すぎに会いましょう。	Let’s meet a little past noon.
3時にしましょう。	Let’s make it 3:00.
5時半ごろにしましょう。	Let’s meet around 5:30.
夜、会いましょう。	Let’s meet in the evening.

場所を決める

車で迎えに来てくれますか。	Can you pick me up?
車で迎えに行きます。	I’ll come and pick you up.
私は電車で行きます。	I’ll go by train.
桜木町駅はわかりますか。	Do you know Sakuragicho Station?

桜木町駅で待ち合わせましょうか。	Shall we meet at Sakuragicho Station?
出口は1つです。	There is only one exit.
出口は2つあります。東口で会いましょう。	There are two exits. Let's meet at the East Exit.
改札を出たところで会いましょう。	Let's meet outside the ticket gate.
混むので駅前で待ち合わせるのはやめておきましょう。	Let's not meet in front of the station because it's crowded.
スターバックスで待っています。	I'll be waiting at Starbucks.
→ 了解です。	Got it.

時間と場所の確認

それで大丈夫ですか。	Is that okay with you?
日にちが近くなったらLINEします。	I'll text you a few days before the date.
着いたらLINEします。	I'll text you when I get there.
土曜の5時ごろ車で迎えに行きます。	I'll pick you up around 5:00 on Saturday.
日曜の3時半に横浜で会いましょう。	See you at 3:30 in Yokohama on Sunday.
仕事が終わったらLINE/電話します。	I'll text/call you after I finish work.
当日、確認のためLINE/電話します。	I'll text/call you that day to make sure.

都合が悪くなったら、電話/LINEしてください。	Please call/text me if you are unable to make it.
では当日会いましょう。	See you then.
お会いすることを楽しみにしています。	I'm looking forward to meeting/seeing you. ※ meetは初対面の場合、seeは2度目以降の場合に使います。

発展 07

何かを頼む・許可する・禁止する

Requesting, permitting, prohibiting

頼みごとをする

▶ Track 095

基本パターン

Q Can you open the window? 窓を開けてくれる？
Could you help me, please? 手伝っていただけませんか。
Would you check this for me?
これを確認しておいていただけますか。

A Yes, of course. はい、いいですよ。/ もちろん。
Not right now. 今は無理です。

ポイント

1 「～してくれる？・～してもらえる？」と人に何かをお願いするときの基本表現は、"Can you＋動詞?"です。また、「～していただけませんか」と丁寧にお願いするときは、"Could you＋動詞?"になります。"Could you～?"の表現は、仕事やかしこまった場面だけではなく、日常生活でもよく使われます。

Could you take out the garbage?
「ゴミを出してもらってもいい？」

2 また、"Will you＋動詞?"「～してくれる？」、"Would you＋動詞?"「～をしてもらえますか」を使って何かを頼むこともできます。

3 文末、またはCan/Could/Will/Would youに続けてpleaseをつけると、丁寧な印象を与えます。

4 「お手数をおかけして申し訳ありませんが」と、一言添えたいときは文のはじめに “Sorry to trouble/bother you, but～” と言ってから頼む内容を続けましょう。

Sorry to trouble you, but could you check this for me?
「お手数をおかけして申し訳ありませんが、これを確認していただけませんか」

5 「～していただけるとありがたいです」と伝えたいときは、“I would(=I'd) appreciate it if you could＋動詞” のかたちで表現できます。

I would appreciate it if you could email me the file.
「ファイルをメールで送っていただけるとありがたいです」

6 「～して・～してください」と言いたいときは、動詞で文を始める命令文を使います。Pleaseは文頭または文末に置いて用いることができます。

Please pass me the salt. / Pass me the salt, please.
「塩をとって(ください)」

頼みごとを切り出す

お忙しいところすみません。	Sorry to bother you when you are busy.
お休みの日にすみません。	Sorry to bother you on your day off.
お取り込み中 / お話し中のところすみません。	Sorry to interrupt.
ちょっとお願いがあるのですが。	Can I ask you a favor?
お願いがあるのですが、いいですか。	Would you do me a favor?
お願いしたいことがあるのですが。	I have a favor to ask.

今、忙しいかどうかの簡単なやりとり

今、忙しいですか。	Are you busy now? ※「はい、忙しいです」"Yes, I am."、「いいえ、忙しくありません」"No, I'm not." で答えます。
今、お時間はありますか。	Do you have time now? ※ "Do you～?" の質問なので「はい、あります」"Yes, I do."、「いいえ、ありません」"No, I don't." で答えます。
今、お話しできますか。	Can I talk to you now?
今、10分ほどお時間をいただいてもよろしいでしょうか。	May I have 10 minutes of your time now?
→ もちろん。	Sure.
→ はい、どうぞ。	Yes, go ahead.

料金受取人払郵便

牛込局承認

9008

差出有効期間
2025年4月16日
まで

（切手不要）

郵便はがき

162-8790

東京都新宿区
岩戸町12レベッカビル
ベレ出版
読者カード係　行

お名前	年齢
ご住所　〒	
電話番号	性別	ご職業
メールアドレス	

個人情報は小社の読者サービス向上のために活用させていただきます。

ご購読ありがとうございました。ご意見、ご感想をお聞かせください。

● **ご購入された書籍**

● **ご意見、ご感想**

● 図書目録の送付を　□ 希望する　□ 希望しない

ご協力ありがとうございました。
小社の新刊などの情報が届くメールマガジンをご希望される方は、
小社ホームページ（https://www.beret.co.jp/）からご登録くださいませ。

→ 悪いけれど、ちょっと忙しいです。	Sorry, I'm a little busy.
→ 悪いけれど、あとにしてもらえますか。	Sorry, but can you make it later?
→ 申し訳ありませんが、少し待っていただけますか。	I'm sorry, but could you wait a little?

頼みごと全般

手伝っていただけませんか。	Could you help me, please?
どう思うか聞かせていただけませんか。	Could you tell me what you think about it?
アドバイスをしていただけるとありがたいです。	I'd appreciate it if you could give me some advice.
写真をAirDropで共有してもらってもいいですか。	Can you share the photos via AirDrop?
画像をLINEで送ってもらってもいいですか。	Can you send the images via LINE?
私の代わりにやっていただけませんか。	Could you do it for me?
私が忘れていたら思い出させてください。	Please remind me.
それについて考えておいてください。	Please think about it.

室内で

窓を開けてくれる?	Can you open the window?
窓を閉めてくれませんか。	Can you close the window, please?

新鮮な空気を入れるために窓を開けて換気をしてくれない?	Can you open the windows to let some fresh air in?
つけたままにしておいて。 （電気・電化製品を）	Please leave it on.
開けたままにしておいて。 （窓・ドアなどを）	Please leave it open.
それを取っていただけませんか。	Could you pass that over?
テレビをつけてくれる?	Can you turn on the TV?
テレビを消してくれる?	Can you turn the TV off?
音（量）を上げてくれる?	Can you turn up the volume?
音（量）を下げてくれる?	Can you turn down the volume?
音を抑えてください。	Please keep the sound low.
暖房/冷房を強めてくれませんか。	Could you turn the heater/air conditioner up?
暖房/冷房を弱めてくれませんか。	Could you turn the heater/air conditioner down?
寝る前に暖房/冷房をタイマーにしておいて。	Be sure to put the heater/air conditioner on a timer before you go to bed.

ちょっとした用事を頼む

ゴミを出してもらってもいい?	Can you take out the garbage for me?
段ボールを束ねておいてくれる?	Can you tie up the cardboard boxes?

朝ごはんは自分で作ってくれない?	Can you make your own breakfast?
お皿を洗っておいてもらえる?	Could you do the dishes for me, please?
食料の買い出しに行ってもらえる?	Could you please go food shopping for me?
コンビニまでお使いに行ってもらえない?	Can you run down to the convenience store?
タクシーを呼んでもらっても構いませんか。	Do you mind calling me a taxi?

※「構わない・迷惑ではない」と伝えたいときは、"No, I don't mind."と答えましょう。

駅まで車で送ってもらえない?	Can you take me to the station?
駅まで車で迎えに来てもらえない?	Can you pick me up at the station?

職場で

この件を確認しておいていただけますか。	Would you please check this for me?
これを来週までに仕上げていただけませんか。	Could you finish this by next week?
各ページのコピーを2枚ずつとっていただけませんか。	Could you please make two copies of each page?
これをパソコンに入力していただけますか。	Would you enter this on the PC?
これをPDF/Wordのドキュメントに変換してもらえませんか。	Can you convert this into a PDF/Word document?

ファイルをGoogleドライブ/Teamsで共有していただけませんか。	Could you please share your files with me/us on Google Drive/Teams?
それらのファイルをメールしていただけるとありがたいです。	I would appreciate it if you could email me those files.
可能でしたら、これは明日の朝一で必要です。	If possible, I need this first thing tomorrow morning.
この件についてご検討いただけると幸いです。	I would appreciate it if you could consider this matter.
以下の内容をご確認いただけるとありがたいです。	I would appreciate it if you could confirm the following information.
お手すきのときに、ご返信いただけるとありがたいです。	I would appreciate it if you could reply when you have time.
早急にお返事をいただけるとありがたいです。	I would appreciate it if you could get back to me as soon as possible.

学校で

授業のノートを見せてくれない?	Can you show me your notes from the class?
ノートをAirDrop/LINEで共有してもらえない?	Can you share your notes via AirDrop/LINE? ※ viaは「〜経由で / 〜を通して・用いて」の意。
宿題が何か教えてくれない?	Can you tell me what our homework is?

試験範囲を教えてもらえない?	Can you tell me what the test will be on?
遅れているところを教えてもらってもいいでしょうか。	Could you please tell me where I'm behind?

言われたことを引き受ける・断る

▶ Track 096

引き受ける

はい、いいですよ。/もちろん。	Yes, of course.
わかりました。	All right.
いいよ。	Sure.
問題ないです。	No problem.
喜んで。	With pleasure.
はい、やっておきます。	Okay, I'll do it.
今すぐやります。	I'll do it right away.
あとでやります。	I'll do it later.
友達に聞いてみます。	I'll ask my friend.
時間はかかるかもしれませんがやります。	It might take some time, but I'll do it.
できると思いますが、念のため私の予定を再確認させてください。	I think I can do it, but please let me double-check my schedule.

ポイント

「あいにく」はI'm afraid、「申し訳ない」はI'm sorry, Sorryという表現を使うと「残念である」気持ちを伝えることができます。

悪いけれど、できません。	Sorry, I can't.
できません。	No, I can't.
残念ですが、できません。	I'm afraid I can't.
今は無理です。	Not right now.
悪いけれど、今ちょっと手が離せません。	Sorry, but I'm tied up at the moment.
申し訳ありませんが、急いでいます。	I'm sorry I'm in a hurry.
他の人に頼んでください。	Please ask someone else.
私 / 私たちに少し時間をください。	Please give me/us some time.

許可を求める

▶ Track 097

基本パターン

Q	Can I borrow your pen?	ペンを借りてもいい？
	Could I make a copy?	コピーをとってもいいでしょうか。
	May I come in?	入ってもよろしいでしょうか。
A	Yes, of course.	はい、いいですよ。/ もちろん。
	I'm afraid you can't.	悪いけれど、やめてください。

ポイント

1 相手に許可を求める表現には次のものがあります。

"Can I+動詞?"　:気軽な聞き方
「～してもいい？・いいですか」
"Could I+動詞?" "May I+動詞?"　:丁寧な聞き方
「～してもいいですか・いいでしょうか・よろしいでしょうか」

2 「～しても構わないでしょうか」と聞きたいときは、"Do you mind if I＋動詞?"を使います。「構わない・迷惑ではない」と伝えたいときは、"No, I don't mind."と答えましょう。

3 「～してもいいですか・大丈夫ですか」と確認したいときは、"Is it okay (for me) to＋動詞?" "Is it all right (for me) to＋動詞?"を使って、許可を求めることができます。

相手の承諾を求める

入ってもよろしいでしょうか。	May I come in?
座ってもよろしいでしょうか。	May I sit down?
質問してもいいですか。	Can I ask you a question?
少しお話ししたいのですが、よろしいでしょうか。	Could I have a few words with you?
今から/あとで行ってもいいですか。	Can I come over now/later?
ここに車を停めてもいいですか。	Can I park here?
もう行ってもいいでしょうか。	May I go now?
トイレに行ってもいいでしょうか。	May I go to the bathroom?
トイレをお借りしてもいいでしょうか。	May I use the/your bathroom? ※ borrow（借りる）ではなく、use（使う）を使いましょう。
この写真をSNSにアップしてもよろしいでしょうか。	May I upload this photo on social media?
このイベントについてSNSで共有しても構いませんか。	Do you mind if I share this event on social media? ※ 構わないときは、"No, I don't mind."、やめてもらいたいときは、"I'd rather you don't."と答えましょう。

家で

先にお風呂に入ってもいい？	Can I take a bath first?
明日、友達を家に呼んでも大丈夫ですか。	Is it okay to invite some friends tomorrow?

明日の夜、出かけても大丈夫ですか。	Is it all right for me to go out tomorrow night?

職場で

この件を進めてもよろしいでしょうか。	May I go ahead with this matter?
それは山田さんにお願いしてもいいでしょうか。	Could I ask Mr. Yamada to do it for me?
今日、早退させていただくことは可能でしょうか。	Could I possibly leave early today?
明日お休みをいただくことは可能でしょうか。	Could I possibly take a day off tomorrow?
休暇を3日いただいてもよろしいでしょうか。	Could I possibly leave the office for 3 days?

物を借りる・使う

傘を借りてもいいですか。	Can I borrow the umbrella?
充電器を借りてもいいでしょうか。	May I borrow your charger?
コンセントをお借りしてもいいでしょうか。	May I use the outlet?

許可を出す・出さない

▶ Track 098

許可を出す

はい、どうぞ。	Yes, you can.
どうぞ。	Go ahead.

どうしてもって言うのなら。	If you must.

断る

いいえ、それはしないでください。	No, you can't.
いいえ、よくありません。	No, it's not all right.
悪いけれど、やめてください。	I'm afraid you can't.
できればそうしないでいただきたいです。	I'd rather you don't.
できれば(そのことについては)触れないでいただきたいです。	I prefer not to be mentioned.
それはやめてください。	Please don't.

特定のことをしないように頼む・注意をうながす | ▶ Track 099 |

基本パターン

Don't be late.	遅れないで。
Please come on time.	時間通りに来てください。
Please refrain from smoking.	タバコを吸うのはご遠慮ください。

ポイント

1 「～しないで」と、何かをやめてもらいたいときは、"Don't＋動詞"を使います。"Please don't＋動詞"で、「～しないでください」と伝えることができます。

2 "Please＋動詞の原形"のかたちを使って、「～してください」と、注意をうながすことができます。

3 "You are not supposed to＋動詞"は、「～をしてはいけないことになっている」の意味です。また、You must not (=mustn't)「～してはいけない」やYou should not (=shouldn't)「～すべきではない」を使って禁止を表すこともできます。

4 「～することはご遠慮ください」は、"Please refrain from＋動詞ing"のかたちを使います。

5 禁止する表現は、言い方によってはきつく響きますので注意しましょう。

何かをやめるように言う

忘れないでください。	Please don't forget.
遅れないで。	Don't be late.
じゃましないで。	Don't bother me.
文句を言わないで。	Don't complain.
電気をつけっぱなしにしないで。	Don't leave the lights on.
夜遅くに電話しないで。	Don't call me late in the evening.
もう連絡しないでください。	Please don't contact me anymore.
これは触らないで。	Don't touch this.
使ったあとは出しっぱなしにしないで。	Please don't leave it out after you use it.
それはやめてください。	Please don't do that. / Please stop doing that.

私/私たちの写真をSNSに投稿しないでください。	Please refrain from posting my/our photos on social media.
コンテンツの無断掲載はご遠慮ください。	Please refrain from posting content without permission.
文章の無断転用はご遠慮ください。	Please refrain from copying the text without permission.
この辺に車を停めてはいけないことになっています。	You are not supposed to park around here.

注意をうながす

私の話を聞いてください。	Listen to me.
静かにしてください。	Please be quiet.
時間通りに来てください。	Please come on time.
約束を守ってください。	Please keep your word.
前もって連絡/電話してください。	Please notify/call me in advance.
アポイントメントを取ってから来てください。	Please make an appointment before you come.
電話の電源を切っておいてください。	Please keep your phone off.
1人にしてください。	Please leave me alone.
1人にしていただけませんか。	Could you leave me alone?
少しの間、私たちだけにしていただけませんか。	Could you excuse us for a minute?

注意されたら

ごめんなさい。気がつきませんでした。	Sorry, I didn't know.
わかりました。	I got it.
今すぐやめます。	I'll stop right now.
以後、気をつけます。	I'll be careful from now on.

発展
08
感情を表現する
Describing your emotions and mental state

感情を表現する

基本パターン

I feel happy.	私は嬉しいです。
I'm angry.	私は怒っています。

ポイント

1 感情や気持ちを表す基本表現は、feel（感じる）という動詞を使って、"I feel＋形容詞" です。

2 また、"I'm＋形容詞"のかたちも自分の感情・状態を表すときに使われます。

3 「〜は楽しいです」「〜を楽しんでやっています」と表現するときは、"I enjoy〜"を使います。

4 過去の感情・状態を表現するとき、動詞/be動詞は過去形に変えて言いましょう。

I feel relieved.「ほっとしています」
→ I felt relieved.「ほっとしました」

I'm tired.「疲れています」
→ I was tired.「疲れていました」

プラスの感情・状態を表現する

▶ Track 100

喜びの一言

やった〜!	Yeah!
とても嬉しいです!	I'm so happy! / I feel so glad!
最高!	This is great!
夢みたい!	It's like a dream!
ついにやった!	I finally did it!
人生で最高の日です!	It's the best day of my life!
ついに夢が叶いました!	My dream has finally come true!
まだ信じられません!	I still can't believe this!
感激です!	I'm delighted!

相手の喜びを分かち合う

よかったね!	Good for you!
よくやりましたね!	Way to go! / You did a great job!
私も嬉しいです。	I'm happy for you.
うまくいってよかったですね。	I'm glad it went well. / I'm glad it worked out.

英検2級に合格して嬉しいです。	I'm happy to have passed the Eiken Grade 2 test.
TOEICで900点を超えて嬉しいです。	I'm happy to score over 900 on the TOEIC test.
希望していた企業から内定をもらえて嬉しいです。	I'm happy to have received a job offer from the company of my choice.
大きなプロジェクトを任されて嬉しいです。	I'm happy to be in charge of a big project.
物事がうまくいって嬉しいです。	I'm happy that things are working out. ※ "work out"で「うまくいく」の意。
夢が叶って嬉しいです。	I feel happy that my dream has come true.
英語が上達していて嬉しいです。	I feel happy that my English is improving.
彼に出会えて幸せです。	I feel happy that I met him.
あなたから連絡をもらえて嬉しかったです。	I was happy to hear from you.
彼女が結婚すると聞いて喜びました。	I was glad to hear about her marriage.
息子/娘が大学に合格して喜びました。	I was happy that my son/daughter was accepted into college.

充実感

私は人生を楽しんでいます。	I enjoy my life.
やる気があります。	I feel motivated.
充実しています。	I feel fulfilled.
満足しています。	I feel satisfied.
仕事にやりがいを感じています。	I find my work rewarding.
仕事で達成感を味わいます。	I feel a sense of accomplishment in my work.

自分が楽しいと感じるとき

※ 自分の好きなことに関する表現は「好きなこと・嫌いなことについて話す」の章（p.218）も参照。

私は仕事をしているときに幸せを感じます。	I feel happy when I'm working.
友達と一緒にいるときに幸せを感じます。	I feel happy when I'm with my friends.
ペットの犬 / 猫といるときに幸せを感じます。	I feel happy when I'm with my pet dog/cat.
子供たちと接しているときに喜びを感じます。	I feel joy when I'm with my children.
旅行をするとリフレッシュできます。	I feel refreshed when I travel.
おいしいコーヒーを飲むことを楽しみます。	I enjoy having a nice cup of coffee.
好きな音楽を聴くと気持ちが元気になります。	I feel uplifted when I listen to my favorite music.

自然の中で過ごすと充電できます。	I can recharge my battery when I spend some time in nature.
瞑想しているときは、自分自身でいられます。	I can be myself when I meditate.

ありがたいと思う気持ち

※ 感謝の気持ちの表現は「お礼を述べる・あやまる」の章（p.96）も参照。

ポイント

「〜があって/いてありがたい」という気持ちを表す表現には次のものがあります。

I'm thankful/grateful to have〜
「〜があることに/いることに感謝しています」

I feel blessed to have〜
「〜に恵まれて幸せだと/ありがたく感じます」

私は支えてくれる友達に恵まれてありがたいと思います。	I feel blessed to have many supportive friends.
私は健康に恵まれてありがたいと思います。	I'm thankful that I'm blessed with good health.
私はよい仕事に恵まれて感謝しています。	I feel grateful to have a good job.

共感・励みとなる気持ち

あなたに共感できます。	I can relate to you.
あなたのおっしゃっていることに共感できます。	I resonate with what you are saying.
温かいお言葉をいただけて大きな励みとなりました。	Your warm words were a great encouragement to me.
あなたの応援から大きな力をいただきました。	I felt empowered by your support.

安らぎ・安心

私は気持ちが楽です。	I feel at ease.
落ち着いています。	I feel calm.
気持ちが安らいでいます。	I feel at peace.
リラックスしています。	I feel relaxed.
心地よいです。	I feel comfortable.
毎日を楽しむ余裕があります。	I have time to enjoy life.
パートナーといると安心します。	I feel secure when I'm with my partner.
ゆっくりお風呂に入るとリラックスします。	I feel relaxed when I take a long bath.
試験が終わったのでほっとしています。	I feel relieved because the exams are over.

楽しみにしている

ポイント

“look forward to + 名詞・動詞ing”は「〜が楽しみである」ことを表します。「今、自分は〜を楽しみにしている」と伝えたいときは、現在進行形を用い、“主語 + be動詞 + looking forward to + 名詞・動詞ing”のかたちを使います。

私はわくわくしています。	I feel excited.
夏休みを楽しみにしています。	I'm looking forward to summer vacation.
ハワイ旅行を楽しみにしています。	I'm looking forward to traveling to Hawaii.
大学生活を楽しみにしています。	I'm looking forward to college life.
次の休暇が今から待ち遠しいです。	I can't wait until my next vacation. ※“can't wait”で「待てない」の意。

おもしろい・おかしい

おもしろい!	Funny!
それは笑える!	That's hilarious!
それは興味深い!	That's interesting!
おかしくて笑いが止まりませんでした。	It was so funny that I couldn't stop laughing.

感動を表す表現

ポイント

「感動」を表す表現には次のものがあります。また、deeplyは「深く」を表します。

be moved by～	「～に感動する・心を動かされる」
be touched by～	「～に感動する・胸を打たれる」
be inspired by～	「～に感銘を受ける・～が胸に響く」
be impressed with/by～	「～に感心・感動する・感銘を受ける」

私は感動しました。	I was moved.
感心しました。/印象的でした。	I was impressed.
彼のコメント/言葉に胸を打たれました。	I was touched by his comment/words.
彼の講演に感銘を受けました。	I was inspired by his speech.
彼女の歌声を聴いて深く感動しました。	I was deeply moved by her singing.
ピカソの絵を見て感動しました。	I was moved by Picasso's painting.
ヘミングウェイの小説を読んで感銘を受けました。	I was inspired by Hemingway's novel.
自然の雄大さに感動しました。	I was moved by the greatness of nature.
両親の愛情に深く胸を打たれました。	I was deeply touched by my parents' love.

彼の努力と一生懸命さに深く心を打たれました。	I was deeply impressed with his effort and hard work.
私は感動して涙があふれてきました。	I was moved to tears.

マイナスの感情・状態を表現する　▶ Track 101

※ 悩みやマイナスの感情に反応する表現については「悩みを相談する・励ます・アドバイスをする」の章（p.314）を参照。

怒りの一言

もうたくさん！	That's it!
いい加減にして！	I've had enough! / Enough is enough!
もうこれ以上は無理！	I can't take it anymore!
かんべんして！	Give me a break!
がまんも限界！	I can't tolerate this!
もううんざり！	I'm sick of it! / I'm fed up!
一生懸命がんばっているのに。	I'm trying so hard.
こんなの不公平！	It's not fair!
こんなのバカげている！	It's ridiculous!
こんなのむちゃくちゃ！	It doesn't make sense!
それはひどい！	That's terrible!

怒り・うんざり

私は怒っています。	I'm angry.

頭にきています。	I'm upset.
とても怒っています。	I'm furious.
イライラしています。	I feel irritated.
彼/彼女を見るとイライラします。	He/She gets on my nerves.
土壇場で約束をキャンセルされて頭にきました。	I was mad when they cancelled the appointment at the last minute.
みんな私に何もかも押し付けるのでうんざりしています。	I'm fed up with people dumping everything on me.
パートナーが話を聞いてくれないので嫌になります。	I'm sick and tired of my partner not listening to me.

いらだち・あせり

ポイント

feel frustratedは「いらだっている」、feel desperateは「追い詰められている」、feel impatientは「いらだっている・もどかしい」気持ちを表します。

はがゆいです。	I feel frustrated.
切羽つまっています。	I feel desperate.
彼/彼女からLINEの返事が来なくてやきもきしています。	I feel impatient because he/she doesn't text me back.
仕事がたまっていてあせっています。	I feel rushed because I have a lot of work piling up.

内定が出なくてあせっています。	I feel desperate because I haven't received any job offers.
自分の力のなさにはがゆさを感じます。	I feel frustrated with myself for not being able to do it.
いろいろなことが重なって押しつぶされそうです。	I feel overwhelmed because I have too many things on my plate.

※ "have too many things on one's plate"で「やるべきことがありすぎる」の意。

寂しい・つらい・悲しい・苦しい

私は悲しいです。	I feel sad.
寂しいです。	I feel lonely.
つらいです。	It's painful.
みじめです。	I feel miserable.
絶望的です。	I have no hope.
打ちのめされています。	I'm devastated.
バカみたいです。	I feel like a fool.
利用されたみたいです。	I feel used.
1人だけ取り残された気がします。	I feel left behind.
疎外感があります。	I feel left out.
途方に暮れています。	I feel completely lost.
それは私にとってたいへんです。	It's hard for me.

がっかりしました・傷つきました

私はがっかりしています。	I'm disappointed.
あなたにはがっかりです。	I'm disappointed in you.
傷ついています。	I'm hurt. / I feel hurt.
友達に裏切られて傷ついています。	I'm hurt because my friend betrayed me.
友達に誤解されて悲しいです。	I feel sad because my friend misunderstood me.
SNSで中傷されて傷つきました。	I was hurt by the slander/defamation on social media.

ストレス・自信喪失

私はストレスで完全に参っています。	I'm totally stressed out.
燃え尽きてしまっています。	I'm burned/burnt out.
いろいろと迷っています。	I'm confused about many things.
自信がないです。	I don't have confidence.
緊張しています。	I feel nervous.
行き詰まっています。	I feel stuck.
将来に不安を感じます。	I'm worried about my future.
周りの期待に応えなくてはとプレッシャーを感じます。	I feel pressure to meet people's expectations.

落ち込み・不安・心配

落ち込んでいます。	I feel down/depressed.
気持ちが沈んでいます。	I feel blue.
試験に落ちて、落ち込んでいます。	I'm depressed because I failed my exams.
結婚の相手が見つからなくて自信をなくしています。	I'm losing confidence because I cannot find a marriage partner.
SNSのフォロワー数が伸びなくて悩んでいます。	I'm worried that the number of my followers on social media is not growing.
成績が伸び悩んでいて、落ち込んでいます。	I feel down because my grades are not improving.
物事が思ったようにいかなくて、落ち込んでいます。	I feel depressed because things are not working out as I expected. ※"work out"で「うまくいく」の意。
退職したあとどうするか心配です。	I'm worried about what I will do after retirement.

驚きの一言

ええっ、何?!	What?!
本当?!	Really?!
まさか!	It can't be!
信じられない!	Unbelievable!
嘘でしょう!	Are you kidding?

ありえない!	That's impossible! / It can't be! / That can't be true!!
それはショックですね!	That's shocking!
すごい!	Incredible!
突然どうして?	Why so suddenly?
どうして突然そんなことを言うの?	Why are you saying this all of a sudden?

驚き・ショック・動揺

私は驚きました。	I was surprised.
ショックでした。	I was shocked.
動揺しました。	I was upset.
寝耳に水でした。	It was out of the blue.
あまりのショックで言葉を完全に失いました。	I was so shocked that I was completely speechless.
突然解雇されてショックでした。	I was shocked when I was suddenly laid off.
いまだにショックから立ち直れません。	I still can't recover from the shock.
2人が付き合っていると聞いて驚きました。	I was surprised to hear that those two were going together.
彼が仕事を辞めたと聞いてショックでした。	I was shocked to hear that he had quit his job.

彼女にいきなり別れようと言われて動揺しました。	I was surprised when she suddenly said she wanted to break up.
まだ彼/彼女のことを引きずっています。	I still can't get over him/her.

発展
09

悩みを相談する・励ます・アドバイスをする

Talking about your troubles, encouraging, giving advice

悩みについて話す

▶ Track 102

基本パターン

I can't find what I want to do. 私はやりたいことが見つかりません。
My marriage isn't working. 結婚生活がうまくいっていません。
I don't get along with my boss. 上司と合いません。

ポイント

1 悩みについて話すとき、"I can't + 動詞"を使った「私は〜ができない」や、義務を表す"I have to + 動詞"を使った「私は〜しなくてはならない」という表現がよく使われます。

2 「〜がうまくいっていない」と言いたいときは、"〜isn't working." "I'm having trouble with〜"を使います。

3 「(人)と仲が悪い・合わない」と伝えたいときは、"I don't get along with + 人"になります。

仕事関係の悩み

仕事がつまらないです。	Work is boring.
仕事がきついです。	Work is difficult/hard.
仕事が忙しすぎて休む暇がありません。	I have no time to rest because I'm too busy with work.

仕事にやりがいを感じません。	I don't find my job worthwhile. ※"find A B"で「AをBだと感じる」の意。
今の仕事に向いていません。	I'm not geared for the job I have now.
会社があぶないです。	The company is going down.
会社を辞めたいです。	I want to quit my job.
転職しようか悩んでいます。	I'm debating whether or not to change jobs. ※"debate whether or not to～"は「～をしようかしまいか悩む・葛藤する」の意。
条件のいい仕事が見つかりません。	I can't find a job with good working conditions.
資格がないので仕事が見つかりません。	I can't get a job because I don't have the proper qualifications.
経験がないので仕事が見つかりません。	I can't get a job because I don't have experience.
くびになりました。	I was fired/let go.

勤務・労働条件の悩み

勤務時間が長いです。	I have to work long hours.
勤務時間が不規則です。	The working hours are irregular. / I don't have a fixed working schedule.
残業が多いです。	I have to do a lot of overtime (work).

給料/ボーナスが安いです。	The pay/bonus is low.
会社の福利厚生が整っていません。	The company benefits aren't good.
通勤がたいへんです。	Commuting is hard.
育児と仕事との両立が難しいです。	It's difficult to balance childcare and work.

生活・金銭的な悩み

私は収入が少ないです。	I don't have much income.
収入が不安定です。	I don't have a stable income.
車のローンの返済をしなくてはなりません。	I have to pay back the car loan.
保険料を支払わなくてはなりません。	I have to pay my insurance.
家のローンを返済しなくてはなりません。	I have to pay the mortgage on my house.
光熱費が高いです。	The utility bills are high.
家計のやりくりがたいへんです。	It's difficult to make ends meet.
子供たちの習い事にお金がかかります。	It costs money for my children's lessons.
息子/娘/子供たちの学費が高いです。	My son's/daughter's/children's school fees are high.

学校・進路についての悩み

私は学校の勉強が嫌いです。	I don't like schoolwork.
学校の成績が悪いです。	I'm not doing well in school.
学校で友達ができません。	I can't make friends at school.
先生とのコミュニケーションがほとんどありません。	There is hardly any communication with the teacher.
息子/娘が不登校です。	My son/daughter is not attending school.
卒業後の進路について悩んでいます。	I don't know what to do after I graduate.

人間関係の悩み

私には友達がいません。	I don't have any friends.
悩みを相談できる人がいません。	I have no one to talk about my problems with.
誰も私のことをわかってくれません。	Nobody understands me.
学校/職場でいじめられています。	I'm being bullied at school/work.
職場での人間関係がうまくいっていません。	I'm having trouble with the people at work.
いつも自分だけ浮いています。	I don't fit in any group.
自分の居場所がありません。	I don't belong anywhere.
上司と合いません。	I don't get along with my boss.

同僚とのコミュニケーションが難しいです。	I'm having a hard time communicating with my co-workers.
私は職場の上の人に怒られてばかりです。	I'm always being scolded by my supervisor.
両親/義理の両親との仲が悪いです。	I don't get along with my parents/in-laws.
母/父の介護がたいへんです。	Taking care of my mother/father is hard.
結婚生活がうまくいっていません。	My marriage isn't working.
パートナーとうまくいっていません。	I'm having trouble with my partner.
両親/友達/パートナーとケンカをしました。	I had a fight with my parents/friend/partner.
ママ友との付き合いがたいへんです。	I find it difficult to keep up with mom friends.

人生の目的にまつわる悩み

※「感情を表現する」の章の「マイナスの感情・状態を表現する」のセクション（p.302）も参照。

私はやりたいことが見つかりません。	I can't find what I want to do.
何をやったらいいのかわかりません。	I don't know what I want to do.
生きる目的が見つけられません。	I can't find a purpose in life.
自分の世界がどんどん狭くなっていきます。	My world is getting smaller and smaller.
周りの期待に応えようとすることに疲れました。	I'm tired of trying to meet people's expectations.

同じ間違いを繰り返しているような気がします。	I feel like I'm just repeating the same mistakes.
何をやっても長続きしません。	I can't stick with anything that I try.
時代の流れについていけません。	I can't keep up with the times.

悩みを聞く・同情/共感を示す

▶ Track 103

たいへんですね。	That must be hard for you. ※ "must be～"は「～に違いない・～のはず」を表します。
傷ついたでしょう。	That must have hurt you.
私にも似たような経験があります。	I've had a similar experience, too.
その気持ち、痛いほどよくわかります。	I know exactly how you feel.
人生、いろいろなことがありますよね。	Many things happen in life.
世の中にはいろいろな人がいますからね。	There are all kinds of people in this world.
気持ちを言葉にするのは難しいですよね。	It's difficult to verbalize your feelings.
気持ちを人に伝えるのは簡単ではないですよね。	It's not easy to express your feeling to others.
なかなか自分の思うようにはいきませんよね。	It doesn't always work out the way you want.
いろいろと誤解があるのかもしれません。	There might be some misunderstandings.

タイミングがかみ合わないときがありますよね。	There are times when the timing is all off.

励ます

▶ Track 104

※ 励ましのフレーズは「あいさつと簡単なやりとり」の章（p.20）、「お祝い・お悔やみの言葉」の章（p.94）も参照。

励ます・応援する

大丈夫ですよ。	It'll be all right.
心配しないで。	Don't worry.
あきらめないで。	Don't give up.
がんばって。	Hang in there.
気楽に。	Take it easy.
肩の力を抜いて。	Loosen up.
根気よくいて。	Be patient.
きっと道が開けますよ。	You'll find a way.
乗り越えられますよ。	You'll be fine.
あなたならできます。	You can do it.
最終的にはうまくいきますよ。	It'll work out in the end.
物事は落ち着くべきところに落ち着きます。	Things will fall into place.
最終的にはすべてうまくいきます。	Everything will work out in the end.
希望を失わないで。	Don't lose hope.
個人的にとらないで。	Don't take it personally.

応援していますから。	I'm cheering for you.
自分を信じて。	Have faith in yourself.
あなたの時期がきっと来ますから。	Your time will come.
物事には時間がかかりますから。	Things take time.
人生まだこれからですよ。	You have a whole life ahead of you.
人生、いいこともありますよ。	There are good things in life, too.

ピンチはチャンス

人生の節目ですね。	It's a turning point in your life.
ピンチはチャンスです。	Adversity brings opportunity. / Tough times bring opportunity.
物事にはすべて意味があります。	There is a reason for everything.
学びと成長の機会です。	It's an opportunity to learn and grow.
その経験によって、より器の大きい人間になれます。	All the experiences will make you a bigger, deeper person.

ひとりではないですよ

あなたはひとりではないですよ。	You're not alone.
私がついています。	I'm always here.
いつでも話を聞きます。	I'm always here to listen.

みんな仲間です。　We're all in this together.

アドバイス・提案する

▶ Track 105

基本パターン

Why don't you try something new?
何か新しいことを始めてみたら？

It might be a good idea to talk to someone.
誰かに相談したほうがいいかもしれません。

You should quit smoking.　タバコはやめたほうがいいですよ。

ポイント

1 「～してみたら（どうですか）？」と提案するときは、"Why don't you＋動詞?" になります。

2 また、"You could try＋動詞ing"「～する方法もあります・～を試してはいかがですか」や、"You might/may want to＋動詞"「～してもいいかもしれません」を使って提案することができます。

3 "It might be a good idea to＋動詞"を使って、「～することはいい（案）かもしれません」と伝えることができます。

4 強めの助言をするときは、"You should＋動詞"「～すべき」、"You must＋動詞"「～しないといけない」を用いることができます。また、否定形の"You shouldn't＋動詞"「～すべきではない」や"You mustn't＋動詞"「～してはいけない」を使うと、「～しないほうがいい」という注意や助言をすることができます。

5 動詞の原形で文を始め、直接的なアドバイスをすることもできます。「〜しないで・〜しないように」と注意するときはDon't 〜で文を始めます。

Take a good rest.	「ゆっくり休んで」
Don't overwork.	「働きすぎないように」

あせらずに様子を見ましょう

待って様子を見て。	Wait and see how it will go.
適切な時期を待って。	Wait for the right time.
自然の流れにまかせて。	Go with the flow.
あまり思い詰めないで。	Don't worry too much.
結論をあせらずに。	Don't jump to conclusions.
一歩一歩、進みましょう。	Take one step at a time.

人に相談しましょう

友達に聞いてみたら?	Why don't you ask your friend?
このことについて誰か相談できる人はいませんか。	Is there anyone you can talk to about this?
信頼できる人に相談して。	Talk to someone you can trust.
両親/上司/先生に相談してもいいかもしれません。	It might be a good idea to talk to your parents/boss/teacher.
同僚に相談してみてはいかがですか。	You might want to talk to your colleagues.

カウンセラーに相談する手もありますよ。	You could try talking to a counselor.
正直な気持ちを話したほうがいいですよ。	You should express your honest feelings.
同じ悩みを抱えている人のサイトをチェックしてみてはいかがですか。	Why not check out a website for people with the same issue?

マイペースで・ひとりで無理をしない

ひとりで抱え込む必要はないですよ。	You don't have to carry it alone. ※ "don't/doesn't have to＋動詞" で「～する必要はない」の意。
ときには人に頼ってもいいのですよ。	Sometimes it's okay to rely on others.
それをがまんする必要はないのですよ。	You don't have to tolerate/put up with it.
無理して人に合わせる必要はないのですよ。	You don't have to force yourself to conform to others.
ときには「ノー」と言うことも大切です。	Sometimes it is important to say "no."
マイペースで進んでもいいのですよ。	It's okay to do things at your own pace.

新しいことにチャレンジしてみましょう

何か新しいことを始めてみたら?	Why don't you try something new?

何かサークルに入ったらどうですか。	Why don't you join some kind of circle/club?
オンライン講座がいいかもしれません。	An online course might be a good idea.
SNSで何か投稿してみてはいかがですか。	You could try posting something on social media.
同じことに興味を持っている人たちのコミュニティーに参加してはいかがですか。	Why don't you join a community of people who are interested in the same things as you(are)?
新しい友達ができますよ。	You can make new friends.
新たな出会いがありますよ。	You will meet new people.
新しいつながりができますよ。	You can make new connections.
状況を打破できるかもしれません。	You may be able to break out of the status quo.

気分転換をしましょう・身体を休めましょう

休んだほうがいいですよ。	You should rest.
休暇を取ったらどうですか。	Why don't you take a vacation?
旅行に行ったらどうですか。	Why don't you take a trip?
温泉にでも行ってのんびりしたらどうですか。	Why don't you go to hot springs and relax yourself?

もう少しスローダウンする必要がありますよ。	You need to slow down a little. ※ "You need to＋動詞"で「あなたは〜する必要がある」の意。
自分の時間を持つことは大切です。	Having time for yourself is important.
身体の声を聞くことは大切です。	It is important to listen to your body. ※ "It's important to＋動詞"で「〜することは大切だ」の意。

健康に気を遣いましょう

食べすぎ、飲みすぎに注意しましょう。	You shouldn't overeat and drink too much.
タバコはやめたほうがいいですよ。	You should quit smoking.
野菜をもっと食べたほうがいいですよ。	You should eat more vegetables.
もっと運動をしたほうがいいですよ。	You should exercise more.
間食は避けたほうがいいですよ。	You mustn't eat snacks between meals.
夜更かしはやめたほうがいいですよ。	You should stop staying up late.
ゲームのしすぎは目に悪いですよ。	Spending too much time playing video games is bad for the eyes.
医者に行ったほうがいいですよ。	You'd better go to the doctor. ※ "had better＋動詞" は、「(差し迫った状況で) 〜したほうがいい」と、強い忠告を表します。状況を見極めて使いましょう。

健康診断を受けることをお勧めします。	I advise/suggest you to get a health/medical checkup. ※ adviseは「アドバイスする」、suggestは「提案する」の意。

仕事・金銭的なアドバイス

転職することは可能ですか。	Is it possible to change jobs?
副業を始めてはいかがですか。	How about starting a side business?
フリーランスで仕事をするというのはどうですか。	How about freelancing?
経費を見直すのもいいかもしれません。	It might be a good idea to review your expenses.
いらないサブスクリプションは解除したほうがいいかもしれません。	You may want to cancel any subscriptions you no longer need.

発展 10 感想・意見を述べる

Comments and opinions

感想をたずねる・答える

基本パターン

Q	How was the trip?	旅行はどうでしたか。
A	It was fun.	楽しかったです。

ポイント

1 「～はどうでしたか」と感想をたずねるときの基本パターンは“How was the + 名詞?”です（固有名詞の場合はtheは必要ありません）。話の主題がお互いにわかっているときは、“How was it?”で「どうだった？」「どうでしたか」と聞くことができます。

2 過去の出来事の感想を述べるときは“It was + 形容詞”で答えます。主語のItは私(I)ではなく、感想を述べる「本」や「映画」そのものを指します。

感想をたずねる

Track 106

それはどうでしたか。	How was it?
旅行はどうでしたか。	How was the trip?
ホテルはどうでしたか。	How was the hotel?
サービスはどうでしたか。	How was the service?

食事はどうでしたか。	How was the food?
値段はどうでしたか。	How was the price?
映画はどうでしたか。	How was the movie?
本はどうでしたか。	How was the book?
コンサート/公演はどうでしたか。	How was the concert/ performance?

全体の感想を述べる

| ▶ Track **107** |

よかったです

よかったです。	It was good. / It was nice.
楽しかったです。	It was fun.
興味深かったです。	It was interesting.
素晴らしかったです。	It was wonderful. / It was fabulous. / It was marvelous.
最高でした。	It was great.
感動的でした。	It was moving/touching.
印象的でした。	It was impressive.
興奮/わくわくしました。	It was exciting.
きれいでした。	It was beautiful.
満足がいくものでした。	It was satisfying.
笑えました。	It was funny. / It was humorous.

予想していたよりよかったです。	It was better than I had expected.
いい経験でした。	It was a good experience.
私は楽しい時間を過ごせました。	I had a nice time. / I had a good time.

まあまあでした

まあまあでした。	It was so-so.
ふつうでした。	It was okay.
悪くはなかったです。	It wasn't bad.
よくも悪くもありませんでした。	It was neither good nor bad.

悪かったです

悪かったです。	It was bad.
ひどかったです。	It was awful/terrible.
つまらなかったです。	It was boring.
時間とお金の無駄でした。	It was a waste of time and money.
疲れました。	It was tiring.
がっかりしました。	It was disappointing.
期待はずれでした。	I expected more.

リラックス・リフレッシュ

リラックスさせてくれました。	It was relaxing.

元気になりました。	It was energizing/uplifting.
癒されました。	It was healing.
リフレッシュさせてくれました。	It was refreshing.

クリエイティブなものに対する感想

※ 感動を表す表現は「感情を表現する」の章（p.301）も参照。

感銘を受けました。	It was inspiring.
心に響きました。	It touched my heart.
泣けました。	It made me cry. / It brought tears to my eyes.
心が温まりました。	It was heartwarming.
悲しかったです。	It was sad.
怖かったです。	It was scary.
芸術的でした。	It was artistic.
クリエイティブでした。	It was creative.
引き込まれました。	It was fascinating/gripping.
奥が深かったです。	It was deep.
説得力がありました。	It was convincing.
迫力がありました。	It was powerful/dynamic.
劇的でした。	It was dramatic.
底が浅かったです。	It was shallow.
嘘っぽかったです。	It wasn't believable.

具体的な感想をたずねる・答える

基本パターン

Q	What kind of restaurant was it?	どんなレストランでしたか。
A	It was a nice restaurant. The food was good.	いいレストランでした。 料理がおいしかったです。

ポイント

1 「どんな～でしたか」とたずねるときは "What kind of＋名詞＋was it?" を使います。

2 答えるときは "It was～" を使います。具体的なことや物に対する感想を述べるときは、"The トピック（名詞）＋was＋形容詞" になります。

3 映画や小説のジャンルを表す表現は「好きなこと・嫌いなことについて話す」の章（p.226）を、感動を表す表現は「感情を表現する」の章（p.301）を参照してください。

具体的な感想をたずねる：「どんな～でしたか」 ▶ Track 108

どんなレストランでしたか。	What kind of restaurant was it?
どんな映画でしたか。	What kind of movie was it?
どんな本でしたか。	What kind of book was it?
どんな街でしたか。	What kind of city was it?
どんなホテルでしたか。	What kind of hotel was it?

具体的な感想を答える

Track 109

店・レストラン・食事

おしゃれなレストランでした。	It was a fancy restaurant.
アットホームな雰囲気のレストランでした。	It was a cozy restaurant.
雰囲気がよかったです。	The atmosphere was good.
料理がおいしかったです。	The food was good.
サービスがよかったです。	The service was good.
値段が良心的でした。	The prices were reasonable.
自家製のチーズがおいしかったです。	The homemade cheese was delicious.
3種類のメインディッシュから選べてよかったです。	It was nice to be able to choose from 3 different main dishes.
1人で行っても楽しめます。	You can enjoy it even if you go alone.
ペット同伴でも大丈夫なテラス席がありました。	There were terrace seats where you could bring your pets/ where pets are allowed.
料理がおいしくなかったです。	The food wasn't good.
店員の感じが悪かったです。	The staff was mean and rude.
高くて料理がまずかったです。	It was expensive and the food was bad.

映画

コメディー/アクション映画でした。	It was a comedy/action picture.
刑事ものでした。	It was a detective movie.
マンガの実写版でした。	It was a live-action version of a cartoon.
アニメでした。	It was an anime.
ドラマの続編でした。	It was a sequel to a drama.
CGがすごかったです。	The CG was amazing.
脚本がよかったです。	The screenplay was good.
演技がよかったです。	The acting was good.
演出がよかったです。	The directing was good.
カメラワークがよかったです。	The camera work was good.
アクションシーンに迫力がありました。	The action scenes were exciting.
演技が下手でした。	The acting was bad.

本

伝記でした。	It was a biography.
ミステリー小説でした。	It was a mystery novel.
ノンフィクションでした。	It was non-fiction.
SF小説でした。	It was a science fiction novel.
村上春樹の最新作でした。	It was Haruki Murakami's latest novel.

短編集でした。	It was a collection of short stories.
最後まで一気に読みました。	It was a page-turner.
彼/彼女の文体が好きです。	I like his/her writing style.
表現がくどかったです。	The expressions were redundant.
最後までそれを読み終えることができませんでした。	I couldn't finish reading it.

映画や本の展開・登場人物への共感度について

話の筋がおもしろかったです。	The story line was interesting.
ストーリーが感動的でした。	The story was moving.
話がつまらなかったです。	The story was boring.
ハッピーエンドでした。	It had a happy ending.
ラストが衝撃的でした。	The ending was shocking.
終わりが悲しかったです。	The last part was sad.
終わりが今ひとつでした。	The ending wasn't good.
描かれた世界観が好きでした。	I liked the way the story was depicted.
それが賞を取った理由がわかります。	I can see why it won the award.
登場人物に共感できました。	I could sympathize with the characters.
登場人物に共感できませんでした。	I couldn't sympathize with the characters.

旅先

伝統的 / 文化的な街でした。	It was a traditional/cultural city.
刺激的な街でした。	It was an exciting city.
ごみごみした街でした。	It was a crowded city.
きれいな街でした。	It was a beautiful city.
街の雰囲気がおしゃれでした。	The atmosphere of the city was nice.
自然の風景がきれいでした。	The natural scenery was beautiful.
海がきれいでした。	The beach was beautiful.
人は気さくで親切でした。	The people were friendly and kind.
街は汚かったです。	The city was dirty.
物価が高かったです。	The prices were high.
物価が安かったです。	The prices were low.
治安がよかったです。	It was safe.
危険でした。	It was dangerous.
治安が悪かったです。	It was not safe.
また行きたいです。	I want to go there again.
もう行きたくありません。	I don't want to go there again.

ホテル

ホテルはよかったです。	The hotel was good.

サービスは満点でした。	The service was perfect.
部屋はよかったです。	The room was nice.
部屋からの景色がきれいでした。	The view from the hotel room was lovely.
ホテルスタッフの感じがよかったです。	The hotel staff was nice and friendly.
温泉は広々としていました。	The hot spring was big and spacious.
露天風呂がよかったです。	The outdoor hot spring was nice.
無料Wi-Fiがありました。	There was free Wi-Fi.
お1人さまのプランがよかったです。	The single-person plan was good.
レディースプランがよかったです。	The ladies' plan was good.
アニバーサリープランを利用して特別価格で宿泊できました。	I was able to stay at a special price with the anniversary plan.
アメニティーが充実していました。	Amenities were well stocked.
ビュッフェスタイルの朝食がよかったです。	The buffet breakfast was good.
施設内は提供された浴衣で利用できました。	You could wear the yukata they provided inside the facility.
ホテルはまあまあでした。	The hotel was so-so.
ホテルはひどかったです。	The hotel was awful.
サービスが悪かったです。	The service was bad.

料理が冷めていておいしくなかったです。	The food was cold and not good.
Wi-Fiが不安定でした。	The Wi-Fi was unstable.
部屋の掃除が行き届いていませんでした。	The room wasn't well-cleaned.

結果／手ごたえをたずねる・答える

▶ Track 110

基本パターン

Q	How did the meeting go?	打ち合わせはどうでしたか？
A	It went well.	それはうまくいきました。
	It didn't go well.	それはうまくいきませんでした。

ポイント

1 打ち合わせやプレゼンなどの結果や進行状況をたずねたいときは"How did～go?"「～はどうでしたか」、"Did～go well?"「～はうまくいきましたか」を使います。

2 結果について答えるとき、「それ（打ち合わせやプレゼン）はうまくいきました」は "It went well."、「それはうまくいきませんでした」は "It didn't go well." を使います。

3 試験などで、試験そのものではなく、自分の出来を伝えたいとき、「自分はよくできました」は "I did well."、「自分はよくできませんでした」は "I didn't do well." を使って答えます。

手応えをたずねる：仕事関係

打ち合わせはどうでしたか。	How did the meeting go?
プレゼンはどうでしたか。	How did the presentation go?
プロジェクトはどうでしたか。	How did the project go?

手応えを答える：うまくいった

それはうまくいきました。	It went well.
反対意見がありましたが、最終的にはまとまりました。	There were some objections, but in the end, we came to a consensus.
がんばってきた甲斐がありました。	It was worth the effort.
私たちはチームワークがよかったです。	We had good teamwork.

手応えを答える：うまくいかなかった

それはうまくいきませんでした。	It didn't go well.
私は緊張してうまくできませんでした。	I got nervous and wasn't able to do well.
準備不足でした。	I wasn't prepared enough.
勉強不足でした。	I didn't study hard enough.
また練り直してがんばります。	I'll rework it and try again.

テスト・試験についてたずねる

テスト/試験はどうでしたか。	How was the test/exam?
結果はいつわかりますか。	When will you know the results?

結果が出たら教えてください。	Please let me know when you get the results.

テスト・試験について答える

それは難しかったです。	It was difficult.
簡単でした。	It was easy.
私はよくできました。	I did well.
わりとよくできました。	I did pretty well.
半分はできたと思います。	I think I got half correct.
あまりよくできませんでした。	I didn't do so well.
語彙問題が難しかったです。	The vocabulary questions were difficult.
時間が足りなくて、全部の問題を解けませんでした。	I didn't have enough time to solve all the questions.

意見をたずねる・述べる

基本パターン

Q **What do you think about it?** それについてどう思いますか。
How do you feel about it? それについてどう感じていますか。

A **I think it's good.** 私はいいと思います。
I don't think it's good. 私はいいと思いません。
In my opinion, learning English is important.
私の意見としては、英語を学ぶことは大切です。

ポイント

1 「どう思いますか・感じていますか」とたずねるときは “What do you think about it?” や “How do you feel about it?” を使います。

2 「あなたの意見は？」「印象は？」とたずねるときは “What's your opinion?” “What's your impression?” を使います。

3 「～だと思います」と答えるときは、think（～だと考える・思う）、believe（～だと信じる）、feel（感じる・～のように思える）を使います。believe は強く思っている場合、feelはthinkより思う度合いが弱いときに用います。

4 「私はいいと思いません」は “I think it's not good.” ではなく、“I don't think it's good.” になります。

5 「私の意見は～」と述べる場合は、“In my opinion,”のあとに自分の意見を続けます。

意見をたずねる

▶ Track 111

全体の意見をたずねる

それについてどう思いますか。	What do you think about it?
どのような意見を持っていますか。	What's your opinion on it?
どのような印象を持っていますか。	What's your impression of it?
どう感じていますか。	How do you feel about it?
どう思いましたか。	What did you think about it?
どう気に入りましたか。	How did you like it?

具体的な分野の意見をたずねる

日本の英語教育についてどう思いますか。	What do you think about the English education in Japan?
日本のリサイクル・システムについてどう思いますか。	What do you think about Japan's recycling system?
高齢者医療保険についてどう思いますか。	How do you feel about the elderly healthcare insurance?

意見を述べる

▶ Track 112

肯定的な意見

私はいいと思います。	I think it's good.
大事だと思います。	I think it's important.
必要だと思います。	I think it's necessary.
正しいことだと思います。	I think it's the right thing to do.
有意義だと思います。	I believe it's meaningful.
効果的だと思います。	I believe it's effective.
有益だと思います。	I think it's beneficial.
実用的 / 合理的だと思います。	I think it's practical.
役に立つと思います。	I think it's useful.
助けになると思います。	I think it's helpful.
やる価値があると思います。	I think it's worthwhile.
便利だと思います。	I think it's convenient.

生産的だと思います。	I think it's productive.
環境にいいと思います。	I think it's good for the environment.
私の意見としては、真剣に受け止めることが大切だと考えています。	In my opinion, it's important to take the matter seriously.

中立的な意見

私は将来の発展のために欠かせないと思います。	I feel it's essential for future development.
避けて通れないと思います。	I feel it's inevitable.
時代が求めるものに合っていると思います。	I think it meets the needs of the times.
仕方がないと思います。	I think it can't be helped.
様子を見るしかないと思います。	I think you just have to see how it'll go.
状況によると思います。	I feel it depends on the situation.
変化に対応する必要があると思います。	I think we need to adapt to change.
もっと時間をかけてその問題を議論する必要があると思います。	I think we need to give more time to discuss that issue.

否定的な意見

私はいいと思いません。	I don't think it's good.
ひどいと思います。	I think it's terrible.
間違っていると思います。	I think it's wrong.

無意味だと思います。	I think it's meaningless.
むちゃくちゃだと思います。	I think it's unreasonable.
無益だと思います。	I think it's useless.
効果がないと思います。	I think it's ineffective.
効率が悪いと思います。	I think it's inefficient.
役に立たないと思います。	I don't think it's helpful.
実用的だと思いません。	I don't think it's practical.
時代の流れに逆らっていると思います。	I believe it's going against the times.
理にかなっていないと思います。	I don't think it makes any sense.
実現まで時間がかかると思います。	I think it'll take time to implement.

相手の意見に同意する

▶ Track 113

そのとおりです。	Exactly. / Totally.
まさにそうです。	Absolutely.
そのとおりです。	That's true.
あなたの言うとおりです。	You're right.
はい、私もそう思います。	Yes, I think so too.
私も同じように感じます。	I feel the same way.
あなたに同意します。	I agree with you.
まったくそのとおりです。	I couldn't agree with you more.

それに疑問をはさむ余地はありません。	There's no doubt about it.
あなたの言いたいことはわかります。	I see your point.
言っていることはわかります。	I see what you mean.
部分的には賛成します。	I agree with you partially.

相手の意見に反対する

▶ Track 114

いいえ、そうは思いません。	No, I don't think so.
そうは思っていません。	I don't feel that way.
あなたが正しいと思いません。	I don't think you're right.
同意できません。	I don't agree with you.
反対です。	I disagree.
完全には同意できません。	I can't agree with you fully.
残念ながら、あなたの意見には賛成できません。	I'm afraid I can't agree with your opinion. ※ 婉曲的に反対の姿勢を伝えたいときは、I'm afraid「残念ながら」を文頭に置いて話しましょう。
もう一度よく考えてください。	Please think it over.

発展 11 経験についてたずねる・話す

Asking and talking about experiences

自分の経験について話す

▶ Track 115

ポイント

1 「(今までに)～したことがある」という現在までの経験を伝えるときは現在完了形を使います。かたちは、"主語＋have/has＋過去分詞"です。I haveの短縮形はI'veです。

2 過去分詞は次のように作ります。

1) 規則動詞の過去形と過去分詞は文末にedをつけます。

聞く：listen – listened – listened
見る：watch – watched – watched
訪れる：visit – visited – visited

2) eで終わる規則動詞にはdをつけます。

使う：use – used – used

3) 子音＋yで終わる規則動詞はyをiに変え、edをつけます。

試す：try – tried – tried
勉強する：study – studied – studied

4) 不規則動詞もたくさんありますので、過去形と共に覚えましょう。

be動詞(である)：be – was/were – been
持つ：have – had – had
会う：meet – met – met

取る：take – took – taken
する：do – did – done
聞こえる：hear – heard – heard
読む：read – read – read
※スペルはすべて同じですが、過去形と過去分詞形の発音は[red]となります。

3 現在完了形で「経験」を表すとき、before「以前に」や、three times「3回」など、回数・頻度を表す語句を伴うことが多いです。頻度の語句は文末に置きます。
「経験」を表す現在完了形でよく使われる回数・頻度を表す語句は次のとおりです。
以前に　before
1度　once
2度　twice
3度　three times
何度も　many times

4 「(場所)に行ったことがある」と伝えたいときは、be動詞の過去分詞beenを使って、"I have been to＋場所"となります。

5 「(場所)に1度も行ったことがない」と伝えたいときは、"I've never been to＋場所"のかたちを使います。

行ったことがある場所・行ったことがない場所

私は沖縄に行ったことがあります。	I've been to Okinawa.
ハワイに1度行ったことがあります。	I've been to Hawaii once.
大阪に2度行ったことがあります。	I've been to Osaka twice.
ディズニーランドに何度も行ったことがあります。	I've been to Disneyland many times.

私は以前ユニバーサル・スタジオ・ジャパンに行ったことがあります。	I've been to Universal Studios Japan before.
私は日光に1度も行ったことがありません。	I've never been to Nikko.

会ったことがある人・会ったことがない人

ポイント

1. 「(人)に会ったことがある」と伝えたいときは、"I've met＋人"のかたちを使います。
2. 「(人)に(1度も)会ったことがない」と伝えたいときは、"I've never met＋人"のかたちを使います。また、「(人)にはまだ会ったことがない」と伝えたいときは、"I have not (=haven't) met＋人＋yet"のかたちを使って表現することができます。

私は鈴木さんに会ったことがあります。	I've met Ms. Suzuki.
絵里さんに1度会ったことがあります。	I've met Eri once.
裕子さんには何度かオンラインで会ったことがあります。	I've met Yuko online several times.
私はブラウンさんにまだ会ったことがありません。	I haven't met Mr. Brown yet.
私は裕二さんにまだ直接会ったことがありません。	I haven't met Yuji in person yet.

ポイント

1 「〜を食べたことがある」と伝えたいときは、「食べる」の意味を持つhaveの過去分詞hadを使って"I've had＋食べ物"のかたちを使います。

2 また、動詞tryを使って「〜を試したことがある」と伝える"I've tried＋食べ物"のかたちもよく用いられます。

3 「(食べ物)を(1度も)食べたことがない」と伝えたいときは、"I've never had/tried＋食べ物"のかたちを使います。

私は以前、トルコ料理を試したことがあります。	I've tried Turkish food before.
沖縄料理を何度も食べたことがあります。	I've had Okinawan food many times.
ハワイ料理を1度も食べたことがありません。	I've never had Hawaiian food.
これは私が食べた中で一番おいしいパスタです。	This is the best pasta I've ever eaten.

経験についてのやりとり

▶ Track 116

基本パターン

Q **Have you ever been to Hawaii?**
ハワイに行ったことはありますか。

A **Yes, I have. I've been there once.**
はい、あります。そこには1度行ったことがあります。

ポイント

1 「今までに・これまでに～をしたことはありますか」と経験をたずねるときは、“Have you ever＋過去分詞～?”を使います。

2 経験をたずねられたときのYes/Noの基本の受け答えは次のとおりです。

Yes, I have.　「はい、あります」
No, I haven't.　「いいえ、やったことはありません」

3 また、特定の時期に「行った」「聞いた」「気に入った」「気に入らなかった」など、過去の行動や気持ちを伝えるときは、現在完了形ではなく、過去形を使います。

場所についてのやりとり：「～に行ったことはありますか」

北海道に行ったことはありますか。	Have you ever been to Hokkaido?
伊勢神宮を訪れたことはありますか。	Have you ever visited Ise Jingu Shrine?
ヨーロッパを訪れたことはありますか。	Have you ever visited Europe?
→ はい、そこには以前行ったことがあります。	Yes, I've been there before.
→ はい、そこを1度訪れたことがあります。	Yes, I've visited there once.
→ そこには2、3回行ったことがあります。	I've been there a couple of times.
→ そこには何度も行ったことがあります。	I've been there many times.

→ そこには去年行きました。	I went there last year.
→ とても気に入りました。	I liked it very much.
→ あまり気に入りませんでした。	I didn't like it very much.
→ いいえ、そこには１度も行ったことがありません。	No, I've never been there before.
→ ぜひそこに行ってみたいと思います。	I would like to go there. ※ "I would like to～"で「～してみたい」の意。

人についてのやりとり：「～に会ったことはありますか」

トム/ハンナに会ったことはありますか。	Have you ever met Tom/Hanna?
→ はい、彼/彼女には以前会ったことがあります。	Yes, I've met him/her before.
→ はい、彼/彼女には１度会ったことがあります。	Yes, I've met him/her once.
→ はい、彼/彼女にはオンラインで会ったことがあります。	Yes, I've met him/her online.
→ 彼/彼女とは友人を通して知り合いました。	I met him/her through a friend.
→ 彼/彼女とは学校/仕事で知り合いました。	I met him/her at school/work.
→ いいえ、彼/彼女には１度も会ったことがありません。	No, I've never met him/her.
→ ぜひ彼/彼女に会ってみたいです。	I would love to meet him/her. ※ "I would love to～"で「ぜひ～したい」の意。

食べ物・飲み物についてのやりとり：「～を食べた・飲んだことはありますか」

トムヤムクンを食べたことはありますか。	Have you ever tried Tom Yum Kung?
日本酒を飲んだことはありますか。	Have you ever tried Japanese sake?
→ はい、1度試したことがあります。	Yes, I've tried it once.
→ はい、何度も食べた（飲んだ）ことがあります。	Yes, I've had it many times.
→ タイに行ったときに食べました。	I ate it when I went to Thailand.
→ 口に合いました。	I loved it.
→ あまり口に合いませんでした。	I didn't like it very much.
→ いいえ、それを今まで1度も試したことがありません。	No, I've never tried it before.

映画・小説についてのやりとり：「～を見た・読んだことはありますか」

宮崎駿のアニメを見たことはありますか。	Have you ever watched Hayao Miyazaki's animations?
→ はい、何度も見たことがあります。	Yes, I've watched them many times.
→ はい、『もののけ姫』を見たことがあります。	Yes, I've watched "Princess Mononoke."
→ いいえ、1度も見たことがありません。	No, I've never watched them.
村上春樹の小説を読んだことはありますか。	Have you ever read Haruki Murakami's novels?

→ はい、彼の作品はほとんどすべて読んだことがあります。	Yes, I've read almost all of his books.
→ はい、彼のデビュー作を読んだことがあります。	Yes, I've read his first novel.

音楽についてのやりとり：「～を聞いたことはありますか」

K-popを聞いたことはありますか。	Have you ever listened to K-pop?
→ はい、それを聞いたことがあります。	Yes, I've listened to it before.
→ はい、私はそれを毎日聞いています。	I listen to it every day. ※ 日々の習慣は現在形を使って表します。
→ いいえ、私はそれを1度も聞いたことがありません。	No, I've never listened to it.
→ 今度それを聞いてみます。	I'll listen to it next time. ※ これから行うことは未来形を使って表します。

トピックについてのやりとり：「～について聞いたことはありますか」

SDGsについて聞いたことはありますか。	Have you ever heard about SDGs?
→ はい、それを聞いたことがあります。	Yes, I've heard about them. ※ 前文のSDGsの複数形を受けて。
→ いいえ、それを聞いたことがありません。	No, I haven't heard about them.
→ それを私はニュースで聞きました。	I heard it on the news.
→ それを私は友人から聞きました。	I heard it from a friend.

→ それは何か教えてください。	Please tell me what it is.

英語・語学についてのやりとり：「〜をしたことはありますか」

英検を受けたことはありますか。	Have you ever taken the Eiken test?
TOEICを受けたことはありますか。	Have you ever taken the TOEIC test?
オンラインレッスンを受けたことはありますか。	Have you ever taken online lessons?
留学したことはありますか。	Have you ever studied abroad?
ホームステイをしたことはありますか。	Have you ever done a homestay?
英語以外の言語を学んだことはありますか。	Have you ever studied other languages besides English?
→ はい、英検2級を受けたことがあります。	Yes, I've taken the Eiken Grade 2 test.
→ 英検準1級に合格しました。	I passed the Eiken Grade Pre-1 test.
→ はい、TOEICを受けたことがあります。	Yes, I've taken the TOEIC test.
→ スコアは600点でした。	My score was 600 points.
→ ハワイに留学したことがあります。	I've studied abroad in Hawaii.
→ 3年前イギリスでホームステイをしました。	I did a homestay in England 3 years ago.

→ 私は以前、スペイン語を学んだことがあります。	I've studied Spanish before.
→ いいえ、TOEICのIPテストを受けたことがありません。	No, I've never taken the TOEIC IP test.
→ オンラインレッスンを受けたことはありません。	I've never taken online lessons.
→ 留学したことはありません。	I've never studied abroad.
→ ホームステイをしたことはありません。	I've never done a homestay.
→ 私は英語以外の言語を学んだことがありません。	I've never studied any language other than English.

THE PERFECT BOOK OF
DAILY ENGLISH CONVERSATION

実 践 編

実践 **01**

パソコン・スマートフォンの操作について話す

Using a computer and smartphone

パソコン・インターネットにまつわる表現

▶ Track 117

ポイント

「パソコン」はPCやcomputerを使って表現します。

使っているパソコンについてたずねる・答える

あなたはWindows/Macを使っていますか。	Do you use Windows/Mac?
私はWindows/Macを使っています。	I use Windows/Mac.
スマホとパソコンを同期します。	I sync my phone with my computer.
あなたはタブレットを持っていますか。	Do you have a tablet?
私はiPadを使っています。	I use an iPad.

パソコン操作についてたずねる

設定を変えるにはどうすればいいですか。	How do I change the settings?
PDF形式で保存するにはどうすればいいですか。	How do I save it in a PDF format?
フォルダを作るにはどうすればいいですか。	How do I create folders?

文章に画像を挿入するにはどうすればいいですか。	How do I insert images into the text?

パソコンの基本操作

私はパソコンの電源を入れます。	I turn on my computer.
パソコンを立ち上げます。	I start up my computer.
すぐ立ち上がります。	It starts up immediately.
立ち上がるまで少し時間がかかります。	It takes a little time to start up.
私はパソコンを再起動します。	I restart/reboot my computer.
パソコンを強制終了します。	I force quit my computer.
パソコンを終了します。	I shut down my computer.
アプリをインストール / アンインストールします。	I install/uninstall the application/app.
ソフトウェアをアップデートします。	I update my software.
パソコンをアップグレードします。	I upgrade my computer.
パソコンを初期化します。	I reset my computer.

文書作成の操作

私はドキュメントを開きます。	I open the document.
文を入力します。	I type in a sentence.
Enterキーを押します。	I press Enter.
右 / 左クリックします。	I right/left click.
アイコンをダブルクリックします。	I double-click the icon.

文章をコピーします。	I copy the text.
文章をカットします。	I cut the text.
文章をカット&ペーストします。	I cut and paste the text.
文章を印刷します。	I print (out) the text.
プリンターはBluetoothでつないでいます。	The printer is connected via Bluetooth.
名前をつけて文書を保存します。	I name and save the document.
文書をPDFで保存します。	I save the document as a PDF file.
データを上書き保存します。	I overwrite the data and save.
ファイルを作ります。	I create a file.
ファイルを圧縮します。	I compress the file.
データのバックアップをとります。	I make a backup of the data.

Wi-Fi環境

うちはWi-Fiが通っています。	My house has Wi-Fi.
うちはWi-Fiが通っていません。	My house doesn't have Wi-Fi.
高速通信でさくさくインターネットにアクセスできます。	I can access the Internet quickly and easily at high speed.
今の時間、私たちのWi-Fiが不安定です。	Our Wi-Fi is unstable at this time/at the moment.
デバイスが多すぎます。	There are too many devices.

Wi-Fiのルーターが古いです。	The Wi-Fi router is old.
ここはWi-Fiの圏外です。	We're out of Wi-Fi range here.
Wi-Fiがなかなかつながりません。	It's hard to connect to the Wi-Fi.
ダウンロードに時間がかかります。	It takes a long time to download.
ここは電波状況がいい/悪いです。	The signal/reception is good/bad here.
サーバーへのアクセスが集中しています。	Access to the server is concentrated.
通信障害が起こっています。	There is a communication problem.
サーバーにつながりません。	I cannot connect to the server.

インターネット

私はネットにつなぎます。	I connect to the Internet.
ネットで検索します。	I search the Internet.
Cookieを有効にしています。	I allow Cookies.
ウェブページをブックマークに追加します。	I add the web page to my bookmarks.
リンクを共有します。	I share the link.

ファイルについて

ファイルをダウンロードします。	I download the file.
圧縮ファイルをダウンロードします。	I download the compressed file.
ファイルを解凍します。	I unzip/decompress the file.
ファイルを開きます。	I open the file.
クラウドでデータを共有します。	I share data in the cloud.

メール送受信について

私はメールを受信/送信します。	I receive/send emails.
CC/BCCで複数の宛先にメールを送ります。	I send emails to multiple people with CC/BCC.
メールの返信をします。	I reply to emails.
ファイル/PDF/画像を添付で送ります。	I send a file/PDF/image as an attachment.
添付ファイルを開きます。	I open the attached file.
メールを再送信します。	I resend the email.
たくさんのメールが受信トレイにたまっています。	I have a lot of emails accumulating in the inbox.
受信したメールをフォルダごとに整理します。	I sort/organize my received emails into folders.
いらないメールは削除します。	I delete unnecessary emails.

メール送受信にまつわるトラブル・迷惑メール

彼が送ってきたメールが迷惑メールに分類されていました。	The email he sent me was classified as spam.
メールが送られていませんでした。	The email wasn't sent.
メールが戻ってきてしまいました。	The email was returned.
添付ファイルを開けられませんでした。	I couldn't open the attachments.
メールの文章が文字化けしています。	The text in the email is corrupted/garbled.
スパム（メール）が送られてきます。	I keep receiving spam.
メール内のリンクをクリックして、パソコンがウイルスに感染してしまいました。	I clicked on a link in an email and my computer was infected with a virus.
詐欺とは知らずに、クレジットカード情報を入力してしまいました。	I entered my credit card information without knowing it was a scam.
送ったメールが迷惑メールに分類されていました。	The email I sent has been classified as spam.
不審なメールは削除することが大切です。	It's important to delete suspicious emails.
添付ファイルやリンクは開かないように気をつける必要があります。	You should be careful not to open attachments or links.

パソコントラブル

私のパソコンがフリーズしました。	My computer froze.

私のパソコンの動作が遅いです。	The operation of my computer is slow.
バグが発生しています。	There is a bug.
不具合が起きています。	There is a glitch. ※glitchは「(機械の) 誤動作・異常」の意。
ソフトをアップデートしてから動作が遅くなりました。	The operation has become slow after updating the software.
ソフトがアップグレードされてから操作が変わりました。	The operation has changed since the software was upgraded.
私はウイルス対策ソフトでパソコンをスキャンします。	I scan my computer with anti-virus software.
私のパソコンがウイルスに感染しました。	My computer has become infected with a virus.
ウイルスを駆除します。	I remove the virus.
アップグレードするよりパソコンを買い替えたほうがいいです。	It's better to buy a new computer than to upgrade.

スマホにまつわる表現

▶ Track 118

ポイント

スマホはsmartphoneですが、会話ではmy phoneという表現がよく使われます。

使用しているスマホについて

iPhoneとAndroid、どちらをお持ちですか。	Do you have an iPhone or an Android?
私はiPhone/Androidを使っています。	I use an iPhone/Android.

通知・マナーモードの設定

私は通知をチェックします。	I check my notifications.
通知をオン/オフにしています。	My notifications are turned on/off.
スマホをマナーモードに設定しています。	I've set my smartphone to silent mode.
スマホの電源を切っています。	My smartphone is turned off.
ディスプレイの明るさを調整します。	I adjust the brightness of my display.

電池・充電について

スマホの電池が切れそうです。	My smartphone is about to run out of battery.
スマホは省エネモードになっています。	My smartphone is in energy saving mode.
スマホを充電する必要があります。	I need to charge my smartphone.
私は充電器を持ち歩いています。	I carry a charger with me.
今、充電器を持っていません。	I do not have a charger with me at the moment.

近くにコンセントはありますか。	Is there an electrical outlet nearby?

スマホ操作についてたずねる

アプリをインストールするにはどうすればいいですか。	How do I install an app?
写真を共有するにはどうすればいいですか。	How do I share photos?
スマホの容量を空けるにはどのようにすればいいですか。	How do I free up space on my phone?
通知の設定を変えるにはどのようにすればいいですか。	How do I change my notification settings?

スマホの基本操作を説明する

アイコンをタップしてください。	Tap the icon.
ページをスクロールしてください。	Scroll the page.
ピンチインしてページを縮小してください。	Pinch in to shrink the page.
ピンチアウトしてページを拡大してください。	Pinch out to enlarge the page.

カメラ機能・写真や動画を撮る

私はスマホで写真や動画を撮ります。	I take pictures and videos with my smartphone.
スクリーンショットを撮ります。	I take a screenshot.
アルバムを作ります。	I create an album.

それをお気に入りに追加します。	I add it to my favorites.
写真を編集します。	I edit the pictures.
写真を共有します。	I share the pictures.
写真をLINEで送ります。	I send the photos on LINE.
（写真を）共有アルバム/フォルダに入れます。	I put the photos into a shared album/folder.
写真をコピーします。	I copy the photo.
写真を壁紙に設定します。	I set the photo as my wallpaper.
写真をホーム画面/ロック中の画面に設定します。	I set the photo as my home/lock screen.
私は膨大な量の写真があります。	I have a huge amount of photos.
クラウドストレージサービスで写真を保存します。	I use a cloud storage service to save my photos.

スマホの活用

私はスマホで天気をチェックします。	I check the weather on my phone.
アラームで目覚めます。	I wake up with an alarm.
リマインダーをつけています。	I have reminders.
アプリでゲームをします。	I play games on an app.
スケジュールはスマホで管理します。	I manage my schedule with my smartphone.

アプリで運動量を把握します。	I track my steps and activities with an app.
スマホで睡眠のパターンを把握します。	I track my sleep patterns with my smartphone.
時刻表をホーム画面に追加します。	I add the timetable to my home screen.
スマホとクレジットを連携して支払いを決済します。	Payments are settled by linking my phone to my credit card(s).
電車の運賃はスマホで決済します。	Train fare is settled with my smartphone.
私はスマホでメモをとります。	I take notes on my smartphone.
文章を音声入力します。	I use voice dictation to type out the text.
音楽のストリーミングサービスを利用しています。	I use music streaming services.
スマホとスマートウォッチを同期します。	I synchronize my phone with my smartwatch.
スクリーンタイムを管理しています。	I keep track of screen time.
1日のスマホを見ている時間は5～6時間です。	I spend 5 to 6 hours a day looking at my phone.

アプリについて

アプリをダウンロード/インストールします。	I download/install the app.
無料/有料アプリを使っています。	I use free/paid apps.

このアプリはおすすめです。	I recommend this app.
特別なコンテンツは課金されます。	Special content will be charged. / Special content has an additional charge.
ゲーム/語学学習のアプリを入れています。	I have a game/language study app.
費用がかさまないよう、気をつけないといけません。	You must be careful not to incur costs.
容量をとるので、使っていないアプリを削除します。	I delete unused apps because they take up space.

空き容量について

空き容量は十分にあります。	There is plenty of storage/available space/memory capacity.
空き容量がほとんどありません。	There is very little free space.
クラウドがいっぱいです。	The cloud is full.

スマホの買い替え・料金プランについて

私のスマホが壊れました。	My smartphone is broken.
スマホの画面が割れました。	My smartphone screen is cracked.
スマホを修理に出しています。	I'm sending my phone in for repair.
修理に1週間ほどかかります。	It'll take about a week to repair it.

そろそろスマホを買い替えようと考えています。	I'm thinking of buying a new smartphone soon.
スマホを買い替えました。	I bought a new smartphone.
機種変更をします。	I'm changing my smartphone model.
スマホの通話プランを見直しています。	I'm reviewing my smartphone plan.
料金プランは複雑です。	The billing plan is complicated.
家族プランに入っています。	I'm on a family plan.
スマホのデータのバックアップをとっていました。	I had backed up my smartphone data.
データを移行できました。	I was able to transfer my data.
一部データを移行できませんでした。	Some data couldn't be migrated.

スマホの問題

1日中だらだらとスマホをいじっています。	I spend all day long slumbering and playing with my phone.
歩きスマホは危ないです。	Walking while using your phone is dangerous.
長時間スマホを見ていると目が疲れます。	Looking at your phone for a long time tires your eyes.
スマホを見るために前かがみになると姿勢が悪くなります。	Bending over to look at your smartphone causes poor posture.

実践 **02**

SNS・コミュニケーションツールについて

Social media and communication tools

SNS(Social Networking Service)についてたずねる・答える ▶ Track 119

ポイント

SNSは英語では一般的にsocial mediaと表現されます。

SNSをやっているかどうかをたずねる

あなたはSNSをやっていますか。	Are you on social media?
あなたはTwitter/Instagram/Facebookをやっていますか。	Are you on Twitter/Instagram/Facebook?

SNSをやっているかどうか・ブログについて

私はインスタ/Twitter/Facebookをやっています。	I'm on Instagram/Twitter/Facebook. ※"on＋SNSの名称"で、「～をやっている」の意。
Twitter/インスタ/Facebookはやっていません。	I'm not on Twitter/Instagram/Facebook.
私は見るだけのアカウントを持っています。	I have an account just for viewing.
私は非公開のアカウントを持っています。	I have a private account.
自分では何も投稿しません。	I don't post anything myself.

アカウントは持っていますがほとんど使っていません。	I have an account, but rarely use it.
私はブログをやっています。	I have a blog.

SNSを見るメリット

SNSはよい情報源です。	Social media is a good source of information.
リアルタイムの情報を得ることができます。	You can get real-time information.
今、何が起こっているかを知ることができます。	You can learn what's happening now.
トレンドについていくことができます。	You can keep up with what's trending.
フォローしている人の情報を楽しむことができます。	You can enjoy the information of people you follow.
自分の興味がある分野の情報を得ることができます。	You can gain information of your interests.

SNSで発信するメリット

ポイント

「発信する」は「(情報を) 共有する」を表すshareや、「投稿する」という意味でpostを使います。

自分の好きなことについて発信する喜びを味わえます。	You can experience the joy of posting what you like.

SNSを通して共有する喜びを味わえます。	You can experience the joy of sharing through social media.
自分を表現できます。	You can express yourself.
人脈を広げることができます。	You can expand your network.
ビジネスのネットワークが広がります。	It expands your business network.
自分 / 自分のサービス / 自分の商品をアピールできます。	You can promote yourself/your service/your product.
共通する趣味や目的を持った人たちとつながることができます。	You can connect with people who share common interests and goals.

SNSはやっていない・アカウントを持っていない

私はSNSをやっていません。	I'm not on social media.
SNSには興味がありません。	I'm not interested in social media.
以前はFacebookをやっていましたが、今はほとんどやっていません。	I used to be on Facebook, but now I rarely use it.
SNSの情報は当てにならないと思います。	I don't think I can rely on information on social media.
個人情報が漏れそうで怖いです。	I'm afraid that my personal information might be leaked.
コメントや返信をするのが面倒です。	It's a hassle to comment and reply.

ネガティブコメントを見るのがいやです。	I don't like to see negative comments.
設定方法がわかりません。	I don't know how to set it up.

フォロー・フォロワーについて

私は彼/彼女をフォローしています。	I'm following him/her.
彼/彼女をフォローしていますが、フォローバックされていません。	I'm following him/her, but he/she hasn't followed me back.
彼/彼女にフォローされていますが、フォローバックしていません。	He/She has followed me, but I haven't followed him/her back.
私たちは相互フォローしています。	We're following each other.
彼/彼女にアンフォローされました。	He/She has unfollowed me.
彼/彼女をもうフォローしていません。	I don't follow him/her anymore.
彼/彼女にブロックされました。	He/She has blocked me.
彼/彼女をブロックしました。	I've blocked him/her.
フォロワーは何名いますか。	How many followers do you have?
ぜひフォローさせてください。	Please let me follow you.
フォローしてくれたら嬉しいです。	I'd be happy if you follow me.
インスタのフォロワーは500名います。	I have 500 followers on Instagram.
Twitterのフォロワーは1000名ほどいます。	I have about 1,000 followers on Twitter.

「いいね」をもらえると嬉しいです。	I feel happy when I get "likes."
コメントをもらえると励みになります。	I feel encouraged when I receive comments.
最近、フォロワーが増えました。	I've recently gained followers.
最近、投稿をしていないのでフォロワーが減りました。	I've lost followers because I haven't been posting recently.

Instagramについて

▶ Track 120

フォロー している・見ている

好きな芸能人をフォローしています。	I follow my favorite celebrities.
同業者をフォローしています。	I follow people in the same profession.
リール動画を見るのが楽しいです。	I enjoy watching Reels.
インスタライブをよく見ます。	I often watch Instagram Live.
集客について学べます。	I can learn about attracting customers.
興味のある店やサービスの情報を調べます。	I look up information about stores and services that interest me.
#Hawaiiで検索します。	I search by #Hawaii.

投稿している・DMについて

自分のサービス / 商品について投稿しています。	I post about my services / products.

週１回のペースで投稿しています。	I post once a week.
ストーリーを毎日アップしています。	I upload Stories every day.
リールを投稿しています。	I post Reels.
インスタを集客ツールとして活用しています。	I use Instagram as a tool to attract customers.
自分の商品を宣伝するために使っています。	I use it to promote my products.
写真はデザインアプリを使っています。	I use a design app for my photos.
お問い合わせはＤＭからどうぞ。	Please contact me/us via DM.
知らない人からのＤＭは見ません。	I don't read DMs from people I don't know.

インスタライブ

インスタライブを配信中です。	I'm doing Instagram live.
月曜日の朝９時にインスタライブを行います。	I'll be doing an Instagram Live on Monday at 9 a.m.
よかったらご視聴ください！	Please tune in! / Please join us! I/We hope you join us!
アーカイブを残します。	I'll leave an archive.
アーカイブは残しません。	I won't leave an archive.
リアルタイムでご視聴ください。	Please watch this live.

Twitterについて

▶ Track 121

自分の学習記録をツイートしています。	I tweet my study records.
朝活についてツイートしています。	I tweet about my morning activities.
ほぼ毎日ツイートしています。	I tweet almost every day.
有益な情報をリツイートします。	I retweet useful information.
共感するメッセージにコメントをつけてリツイートします。	I comment on messages I resonate with and retweet them.
このメッセージの拡散を希望します。	Please retweet. / Please share this message. / Pass it on!
このメッセージが拡散され / バズりました。	This message went viral.
このアカウントをミュートしています。	I've muted this account.
このツイートが炎上しました。	This tweet blew up.
#Perfectがトレンドワードに入りました。	#Perfect is now a trending topic.
コメントのやりとりをするのが楽しいです。	I enjoy exchanging comments.
トレンドワードをチェックしています。	I check trending words.
Twitterは拡散力があるので多くの人たちにリーチできます。	Twitter is a great way to spread your message and reach a large audience.

〈注記〉Twitterの名称がXに変更となりました。Twitterと入っている箇所はXに、tweetはpost、retweetはrepostと置き換えていただくと新名称に合わせた例文になります。

Facebookについて

▶ Track 122

Facebookで昔の友達とつながっています。	I conncct with old friends on Facebook.
私はFacebookの英語学習者のコミュニティーに入っています。	I'm in the English learners' Facebook community.
勉強会に参加して、情報交換をしています。	I participate in study groups and exchange information.
Messengerで人とやりとりをしています。	I chat with people on Messenger.
ケンのFacebookのプライベートサロンに入っています。	I'm in Ken's private Facebook group.

YouTubeについて

▶ Track 123

私は英語学習の動画をよく見ます。	I often watch English learning videos.
動画を字幕付きで見ています。	I watch the videos with subtitles.
ときどきYouTubeライブを見ます。	I sometimes watch YouTube Live streaming.
YouTubeの動画を見ることでたくさんのことを学べます。	You can learn a lot by watching YouTube videos.
私のお気に入りのチャンネルは「ABC」です。	My favorite channel is "ABC."
チャンネル登録をしています。	I subscribe to the channel.
新着動画の通知が来ます。	I get notifications of new videos.

TOEICスコアアップのおすすめは山田先生のチャンネルです。	My recommendation for improving your TOEIC score is Mr. Yamada's channel.

TikTokについて

▶ Track 124

最近はTikTokをよく見ています。	I've been watching TikTok a lot lately.
笑ってしまうおもしろい動画がたくさんあります。	There are many fun videos that make me laugh.
短い動画を見るのが楽しいです。	It's fun to watch short videos.
ダンス動画を楽しく見ています。	I enjoy watching dance videos.

Podcast・音楽配信サービスについて

▶ Track 125

私はマイコ先生の番組をSpotifyで聴いています。	I listen to Maiko's show on Spotify.
私はApple Music/Spotifyで音楽を聴きます。	I listen to music on Apple Music/Spotify.
お気に入りの曲をスマホにダウンロードして聴きます。	I download my favorite songs to my smartphone and listen to them.
自分のプレイリストをつくります。	I create my own playlist.
他の人のプレイリストを聴くと、自分が知らない曲に出会えます。	When I listen to other peoples' playlists, I can get to know songs that I didn't know.

投稿や配信に感謝のコメントをする・応える

▶ Track 126

投稿・配信に感謝する

素敵なツイート/投稿/動画をありがとうございます。	Thank you for your nice tweets/posts/videos.
前向きなメッセージをありがとうございます。	Thank you for your positive messages.
メッセージを読んでいつも力をいただいています。	I feel uplifted reading your messages.
わかりやすい動画をありがとうございます。	Thank you for your easy-to-understand videos.
いつもあなたの動画を見て英会話を勉強しています。	I always study English conversation with your videos.
温かい動画を見て癒されています。	It's healing to watch your heartwarming videos.
次の動画/投稿を楽しみにしています。	I'm looking forward to your next video/post.

感謝のフィードバックに応える

温かいコメントをありがとうございます。	Thank you for your warm comments.
コメントをいただけると励みになります。	Your comments mean a lot to me.
いつも投稿/動画を見ていただきありがとうございます。	Thank you for always looking at my posts/videos.

LINEについて

Track 127

ポイント

「LINEします」と伝えたいとき、“I'll send you a message through LINE.”や、LINEを動詞のように使って“I'll LINE you.”と言うことができますが、LINEが一般的でない国や地域では伝わらない可能性があります。
本書では、スマホなどでメッセージを送ることを、「文章」を表すtextという単語を使って表現しています。

友達登録についてのやりとり

あなたは何のメッセージアプリを使っていますか。	What messaging app do you use?
LINEのアカウントを持っていますか。	Do you have a LINE account?
LINEで連絡を取り合いましょう。	Let's keep in touch with each other on LINE.
LINEのIDを交換しましょう。	Let's exchange LINE IDs.
友達申請をしました。	I've sent a friend request.
友達登録をお願いします。	Please add me to your friend's list. / Please add me as your LINE friend.
こちらが私のQRコードです。	Here's my QR code.
私のLINE IDはこちらです。	This is my LINE ID.
あなたのQRコードをスキャンさせてください。	Please let me scan your QR code.

スタンプを送ってください。	Please send me a stamp.
スタンプを送ります。	I'll send you a stamp.

LINEを活用している

私は家族や友人とひんぱんにメッセージのやりとりをします。	I frequently exchange messages with family and friends.
家族とLINE電話でよく話します。	I often talk on LINE phone with my family.
海外の友人とLINEでよくビデオ通話をします。	I often make video calls on LINE with friends overseas.
メッセージが既読になっています。	It shows that he/she has read my messages.
メッセージが既読になっていません。	It doesn't show that he/she has read my messages.
既読スルーされています。	It shows that he/she has read my messages, but hasn't replied yet. ※ "haven't/hasn't replied yet"は「返事がない」の意。
LINEはメールよりも気軽です。	LINE is easier than email.
最近は仕事のやりとりもLINEでします。	Recently, business communication is also done through LINE.
(店などを) 友達登録することで、ショップからクーポンや割引をもらえます。	By adding their account to my friend's list, I can get coupons and discounts.

オンラインミーティングについて

▶ Track 128

ポイント

「招待状」はan invitationもしくはan inviteと言います。

「入室」は、「加わる・参加する」を表すjoinや、「入る」を表すenterを使って表現します。「退室」には、leave（去る）やexit（退場）を使います。

ミーティングのセッティング：メールやLINEにて

オンラインでお会いできますか?	Can we meet online?
オンラインでつながりましょう。	Let's meet online.
オンラインミーティング/ビデオ会議を実施したいと思います。	I'd like to hold an online meeting/a video conference.
ご招待メールを送ります。	I'll send you an invitation email.
招待状をLINEに送ります。	I'll send you an invite via LINE.
リンクをクリックして入室してください。	Click the link to join the meeting.
何か問題があったらミーティングIDとパスコードを確認してください。	Check the meeting ID and the passcode in case something goes wrong.
画面越しにお会いするのを楽しみにしています。	I look forward to meeting/seeing you through the screen.

接続の確認のやりとり

私が見えますか。	Can you see me?
私の声が聞こえますか。	Can you hear me?
あなたの姿がよく見えています。	I can see you clearly.
あなたの声がよく聞こえます。	I can hear your voice clearly.

接続のトラブル

あなたの声が聞こえません。	I can't hear your voice.
あなたの声がよく聞こえません。	I can't hear you well.
あなたの声が途切れています。	Your voice is broken.
もう少し大きな声で話していただけますか。	Could you speak a little louder?
通信状況が悪いようです。	The connection seems to be bad.
画面がしょっちゅうフリーズします。	The screen freezes frequently.
1度退出して、再度入室してください。	Please leave/exit and re-enter/re-join the meeting.
1度ミーティングを終了（退室）して、再開します。	Let me exit the meeting and restart it.

カメラとマイクの設定

ビデオをオンにしてください。	Please turn on your video.
ビデオをオフにしてください。	Please turn off your video.
マイクをオンにしてください。	Please turn on your microphone.

マイクをミュートにしていただけますか。	Could you mute your microphone?
顔が見えるようにカメラの位置を調節していただけますか。	Could you adjust your camera so that I can see your face?
マイクがミュートになっているようですよ。	You might have muted yourself.
そちらの音声がハウリングしているようです。	There seems to be feedback in your audio.
失礼、私のマイクがミュートになっていました。	Sorry, my microphone was muted.
カメラ/マイクの設定を確認します。	Let me check my camera/microphone settings.

ミーティングをスタートする

ミーティングを始めましょう。	Let's start our meeting.
私は背景をぼかしてあります。	I've blurred my background.
このミーティングをあとで確認できるように録画してもいいですか。	May I record this meeting so that we can go over it later?
質問やコメントはチャットボックスに入れてください。	Please put your questions and comments in the chat box.

画面を共有する

これから画面を共有します。	I'll share the screen.
画面共有を終了します。	I'll stop sharing my screen.
お互いに画面を共有できる設定に変更します。	I'll change the settings to allow mutual screen sharing.

あなたも文書を共有できるように、設定を変更します。	I'll change the settings so that you can also share your documents.
画面をフルスクリーンに変更します。	I'll change to full screen.
文書が見えますか。	Can you see the document?
スライドが見えますか。	Can you see the slide?
→ はい、それが見えています。	Yes, I can see it.
今、どの画面が見えていますか。	Which screen are you seeing now?
→ グラフのある画像が見えています。	I see an image with a graph.
ブレイクアウトルームを割り当てます。	I'll send you to the breakout room.
ブレイクアウトルームを選んでください。	Please choose the breakout room.
時間は15分です。	You have 15 minutes.
ブレイクアウトルームでトピックについてディスカッションをして、結果をメインルームで報告してください。	Please discuss the topic in the breakout room and report back in the main room.

リアクションをうながす

リアクションボタンを押して挙手してください。	Click the Reaction button and raise your hand. / Raise your hand by clicking the Reaction button.

挙手のアイコン/シンボルをクリックしてください。	Click/Hit the raise hand icon/symbol.
「いいね」のリアクションをありがとうございます。	Thanks for your thumbs up reaction.

ミーティングを終える

今日はご参加いただきありがとうございました。	Thank you for joining us today.
これでミーティング/セッションを終了します。	This is the end of the meeting/session.
どうぞ退室してください。	You may exit the room.
退出いたします。	I'll leave the meeting.
後ほど次回のミーティングのリンクを送ります。	I'll send you the link for the next meeting later.

実践 03

位置と道案内

Locations and directions

居場所をたずねる・説明する

▶ Track 129

基本パターン

Q Where are you now? 今、どこにいますか。

A I'm at the office. 事務所にいます。

ポイント

1 相手がどこにいるかをたずねるときは "Where are you?" を使います。

2 「～にいます」と場所を示すときは "I'm at＋居場所" のかたちを使います。

3 また、at の代わりに in を使って特定の室内、敷地内にいることを表すこともできます。国や都市名の前には in を使います。ただし、be in (the) hospital は、「入院している」の意味になりますので、病院にいるときは、"I'm at the hospital." と言いましょう。

I'm in my room. 「自分の部屋にいます」
I'm in Tokyo. 「東京にいます」

4 「～に行く途中です」は "I'm on my/the way to＋目的地" になります。

今、どこにいますか。	Where are you now?
→ 家にいます。	I'm at home.
→ 本社にいます。	I'm at the main office.
→ 東京にいます。	I'm in Tokyo.
→ 横浜駅にいます。	I'm at Yokohama Station.
→ 仕事に行く途中です。	I'm on my way to work.
→ 家に帰る途中です。	I'm on the way home. ※ homeの場合はtoはつけません。

道をたずねる

▶ Track 130

ポイント

1 現在地や目的地はスマホの地図で確認できるとはいえ、知らない場所では迷うこともあるでしょう。基本の道案内のフレーズを覚えておくと、いざというときに役に立ちます。

2 道をたずねるときは、マナーとして"Excuse me."「すみません」と言ってから質問しましょう。それに続ける最も簡単なたずね方は"Where is＋行きたい場所?"です。

Excuse me. Where's the station?
「すみません。駅はどこですか」

3 目的地までの道順をたずねる表現には次のものがあります。

"How can I get to + 目的地?"
「～へはどのように行けますか」
"Can/Could you tell me how to get to + 目的地?"
「～への行き方を教えていただけませんか」
"Do you know how to get to + 目的地?"
「～までの行き方をご存じですか」
"Do you know where + 目的地 + is?"
「～の場所をご存じですか」

4 「近くに/この辺に～はありますか」とたずねたいときは、"Is there～near/around here?"を使います。

駅・バス停・タクシー乗り場の場所をたずねる

道に迷ってしまいました。	I'm afraid I got lost.
道に迷いました。	I'm lost.
すみません。駅はどこですか。	Excuse me. Where's the station?
地下鉄の駅はどこですか。	Where's the subway station?
バス停はどこですか。	Where's the bus stop?
タクシー乗り場はどこですか。	Where the taxi stand?
最寄りの電車/地下鉄の駅へはどのように行けますか。	How can I get to the nearest train/subway station?
切符売り場はどこですか。	Where's the ticket counter?
案内所はどこですか。	Where's the information office?

特定の場所までの行き方をたずねる

北駅までの行き方を教えていただけませんか。	Could you please tell me how to get to North Station?
観光案内所までの行き方を教えてもらえますか。	Can you tell me the way to the Tourist Office?
ボストンまで最も早く着く行き方は何ですか。	What's the fastest way to get to Boston?
空港まで一番簡単に行ける方法は何ですか。	What's the easiest way to get to the airport?
セントラルホテルの場所をご存じですか。	Do you know where Central Hotel is?
この辺に公衆トイレはありますか。	Is there a public restroom around here?
この近くにATM/銀行はありますか。	Is there an ATM/a bank near here?

道案内をする

▶ Track 131

ポイント

1 相手に道をたずねられて、目的地の具体的な位置を説明するときは、"It's next to～"「～のとなり」、"It's between A and B"「AとBのあいだ」、"It's across from～"「～の向かい」などの表現を使います。

2 "Go straight."「まっすぐ行ってください」、"Turn right."「右に曲がってください」のように、道順を説明するときは動詞の原形で文を始める命令文で表現します。

3 「～を右/左に曲がってください」と言うときは、“Turn right/left at＋曲がる場所”を使います。

4 「～が見えます」と、目印を説明するときは、“You will see＋目印”で表現します。「～に出ます・突き当たります」は “You will come to～”になります。

建物の場所を示す

そこにあります。	It's over there.
角を曲がったところにあります。	It's around the corner.
駐車場のとなりにあります。	It's next to the parking lot.
スーパーの向かいにあります。	It's across from the supermarket.
駅の前にあります。	It's in front of the station.
それは右手にあります。	It's on your right.
それは左手にあります。	It's on your left.

道順を説明する

まっすぐ歩いてください。	Walk straight ahead.
右に曲がってください。	Turn right.
左に曲がってください。	Turn left.
信号/横断歩道を渡ってください。	Cross at the traffic light/crosswalk.
交差点をまっすぐ進んでください。	Go straight at the intersection.
2ブロック歩いてください。	Walk two blocks.

最初の角を右に曲がってください。	Turn right at the first corner.
突き当たりを左に曲がってください。	Turn left at the end of the road.
2つ目の信号を左に曲がってください。	Turn left at the second traffic light.
道が2つに分かれているので右に曲がってください。	Turn right at the fork.
踏切を渡ってください。	Go across the railroad crossing.
大通りに出ます。	You will come to the main street.
右手にグレーの建物が見えてきます。	You will see a gray building on your right.

相手の説明が聞き取れなかった場合

よくわかりませんでした。	I didn't get it.
繰り返していただけますか。	Would you please repeat that?

相手の説明に納得する

わかりました。ありがとうございます。	I got it. Thank you very much.

聞かれた場所を知らない・行き方がわからない場合

すみません、申し訳ありませんがわかりません。	Sorry, I'm afraid I don't know.
申し訳ありませんが、この辺のことは詳しくありません。	Sorry, I'm not familiar with this area.

お持ちのスマホのマップで見つかりますか。	Could you find it on your smartphone map?
駅/ツアーデスクで聞いてみてください。	You can ask someone at the station/tour desk.

道案内で覚えておくと便利な表現

ここからどれくらいかかりますか。	How far is it from here?
→ ここからほんの数分です。	It's just a few-minutes from here.
→ ここから歩いて5分くらいです。	It's about a 5-minute walk from here.
→ 車で数分かかります。	It takes a few minutes by car.
どちらに曲がればいいですか。	Which way do I turn?
どちらに行けばいいですか。	Which way do I go?

目印や建物

信号	traffic light(s)
2つ目の信号	the second traffic light
交差点	an intersection
横断歩道	a crossing
角	a corner
最初の角	the first corner
2つ目の角	the second corner
分岐点（道が2つに分かれている）	a junction / fork

踏み切り/線路	a railroad crossing / train track
歩道橋	a walkway
橋	a bridge
突き当たり	end of the road
看板	a sign
大きな建物	a big building
古い建物	an old building
ファストフード店	a fast food restaurant
銀行	a bank
市役所	city office/hall
学校	a school
スーパー	a supermarket
お土産屋	a souvenir shop

交通機関によるアクセス

▶ Track 132

ポイント

1 「～に乗ってください」の基本表現は "Take the + 乗る物" です。

2 「～で降りてください」は get offを使って、"Get off at + 降りる場所" になります。

3 「～で乗り換えてください」は、"Change/Transfer at + 乗り換える場所" です。
また、「～で降りて～に乗ってください」と言うこともできます。

Get off at Tokyo and take the Chuo Line.
「東京で降りて中央線に乗ってください」

4 「〜行きの」は "bound for〜" で表します。

Take the train bound for Sakuragicho.
「桜木町行きの電車に乗ってください」

時刻表・切符の購入

バスの時刻表はどこですか。	Where is the bus timetable?
切符はどこで買えますか。	Where can I buy tickets?
→ 自動販売機で切符を買えます。	You can buy tickets from vending machines.
運賃表はあそこです。	The fare chart is over there.
現金か（SuicaやPASMOのような）プリペイドカードが必要です。	Cash or prepaid cards (such as Suica or PASMO) are required.
券売機で乗車券をチャージできます。	You can charge your train pass at the ticket machines.

電車によるアクセスを説明する

東京行きの電車に乗ってください。	Take the train bound for Tokyo.
急行電車に乗ってください。	Take the express train.
各駅停車に乗ってください。	Take the local train.
1番線の電車に乗ってください。	Take the train from platform number 1.
品川駅からJRに乗ってください。	Take the JR line from Shinagawa Station.

2番線の山の手線に乗ってください。	Take the Yamanote line from platform number 2.
恵比寿で降りてください。	Get off at Ebisu.
恵比寿で乗り換えてください。	Change at Ebisu.
恵比寿から地下鉄に乗ってください。	Take the subway from Ebisu.
恵比寿で日比谷線に乗り換えてください。	Change to the Hibiya Line at Ebisu.
六本木は2つ目の駅です。	Roppongi is the second stop.

駅に着いたら

中央の階段を上ってください。	Go up the middle stairs.
東京寄りの階段を降りてください。	Go down the stairs towards Tokyo.
中央口を出てください。	Go out the central exit.
南口/北口を出てください。	Go out the south/north exit.
東口/西口を出てください。	Go out the east/west exit.

バス・タクシー

駅からバスに乗ってください。	Take the bus from the station.
四谷行きのバスに乗ってください。	Take the bus bound for Yotsuya.
7番のバスに乗ってください。	Take the number 7 bus.
駅からタクシーに乗ってください。	Take a taxi from the station.

覚えておくと便利な駅でのやりとり

この電車は中央駅に行きますか。	Does this train go to Central Station?
このバスは美術館で停まりますか。	Does this bus stop at the art museum?
→ はい、停まりますよ（行きますよ）。	Yes, it does.
→ いいえ、停まりませんよ（行きませんよ）。	No, it doesn't.
この電車は急行ですか。	Is this the express train?
この電車は各駅停車ですか。	Is this the local train?
→ はい、そうですよ。	Yes, it is.
→ いいえ、違います。	No, it isn't.
→ 急行は次の電車です。	The next train is the express train.
→ 急行は反対側のホームから発車します。	Express trains leave from the opposite side of the platform.
急行 / 各駅停車はどこで乗るのですか。	Where do I get on the express/local train?
→ 5番ホームに行ってください。	Go to platform number 5.
急行バスはどこで乗るのですか。	Where do I get on the express bus?
次の電車 / バスは何時ですか。	When is the next train/bus?
→ 10分後に来ます。	It'll come in 10 minutes.

→ 5時20分に来ます。	It'll come at 5:20.
→ 5分おきに来ます。	It comes every 5 minutes.
南駅はいくつ目の駅ですか。	How many stops are there to South Station?
→ 次の駅です。	It's the next stop.
→ 3つ目の駅です。	It's the third stop.
→ A駅の次です。	It's after A Station.
南駅までどれくらいかかりますか。	How long does it take to South Station?
→ だいたい15分です。	It takes about 15 minutes. / It's about a 15-minute ride.

実践 04

買い物をする

Shopping

売り場の位置についてのやりとり

▶ Track 133

ポイント

1 デパートの「売り場」はdepartmentと言います。小さめの売り場はsectionと呼びます。

Women's clothing department	「婦人服売り場」
Handbag section	「ハンドバッグ売り場」

2 「～売り場はどこですか」と聞きたいときは "Where is＋売り場名/買いたい物?"、または"Where can I find＋売り場名/買いたい物?"でたずねます。階数は、"What floor is the＋売り場名＋on?"を使ってたずねます。

3 具体的な商品を扱っているかたずねるときは、"Do you have/sell～?"を使います。

売り場や扱っている商品についてたずねる

婦人服売り場はどこですか。	Where is the women's/ladies' wear department?
旅行カバン売り場はどちらになりますか。	Where can I find the travel bag section?
お手洗いはどこですか。	Where is the restroom?
ネットで見たこの商品はありますか。	Do you have this item that I saw on thc Internet?

売り場の位置の説明

それはあちらにございます。	It's over there.
この通路をまっすぐ行ってください。	Walk up this aisle.
それは2階にあります。	It's on the second floor.
エレベーターに乗ってください。	Take the elevator.
エスカレーターで4階まで行ってください。	Take the escalator to the 4th floor.
台所用品売り場を通りすぎてください。	Go past the kitchenware section.
紳士服売り場の奥にあります。	It's behind the men's clothing section.

店員との簡単なやりとり

▶ Track 134

ポイント

1 お店に入ったら店員に、"May/Can I help you?"と声をかけられます。見ているだけのときは、"Just looking."と言いましょう。続いて「何かありましたらお声をかけてください」"Call me if you need me." "If you need me, I'll be right here."などと言われる場合もあります。そのときは "OK, thank you."と答えましょう。

2 「これを見せてもらえますか」の最も簡単な言い方は "Can I see this?"です。「～を見せてください」は "Please show me～"、「～を見せていただけますか」は"Would/Could you please show me～?"になります。

3 「これはおいくらですか」と聞きたいときは“How much is this?”とたずねましょう。具体的な商品の価格を聞くときは、“How much is＋買いたい物?”になります。

見ているだけ・ほしいものを伝える

見ているだけです。 （May/Can I help you?と聞かれて）	I'm just looking. / Just looking.
すみません。ちょっといいですか。 （店員を呼びとめる）	Excuse me. Can you help me?
→ はい、何でしょうか。	Yes, what can I do for you?
これを見せてもらえますか。	Can I see this?
こちらのピアスを見せてください。	Please show me these pierced-earrings.
あそこにあるハンドバッグを見せていただけますか。	Would you please show me the handbag over there?
右側/左側のです。	The one on the right/left.
左から2番目のです。	The one second from the left.
真ん中のものです。	The one in the middle.

値段をたずねる

これ（このバッグ）はおいくらですか。	How much is this (bag)?
これはセールですか。	Is it on sale?
お買い得ですね。	It's a good price. / It's a bargain.

私にはちょっと高いです。	It's a little too expensive for me.
予算オーバーです。	It's over my budget.

自分以外の人へのギフト

ポイント

特定の物を探しているときの基本表現は "I'm looking for＋探している物"です。「誰々に」と言うときは文末にfor myself(自分用)やfor my mother(母に)と続けます。

友達にちょっとしたお土産を探しています。	I'm looking for a little souvenir for my friend.
母にアクセサリーを探しています。	I'm looking for jewelry for my mother.
ボーイフレンド/ガールフレンド/パートナーへの贈り物です。	It's for my boyfriend/girlfriend/partner.

買い物をする

ポイント

「～を買いたいです」は "I'd like to buy＋買いたい物"、「～がほしいです」は"I want＋ほしい物"のかたちを使って表現できます。

バッグ・かばんを買う

▶ Track 135

小さいバッグを探しています。	I'm looking for a purse.
ハンドバッグを探しています。	I'm looking for a handbag.
仕事用のバッグを探しています。	I'm looking for a bag for work.
リュックを探しています。	I'm looking for a backpack.
このバッグにA4用紙は入りますか。	Can A4 paper fit in this bag?
→ A4用紙が入ります。	A4 paper can be inserted.
→ パソコンも入ります。	A computer can also fit.
貴重品のポケットがあります。	There is a pocket for valuables.
こちらにスマホを入れられます。	You can put your smartphone here.
こちらにドリンクを入れられます。	You can put your drink here.
折りたたむと小さくなります。	You can fold it up to make it smaller.
軽くて丈夫な素材です。	It's a light and durable material.
防水加工がほどこされています。	A waterproof finish has been applied.
このバッグはショルダーバッグとしても使え、斜めがけもできます。	This bag can be used as a shoulder bag and you can also wear it across your body.

靴を買う

▶ Track 136

スニーカーを探しています。	I'm looking for sneakers.
革靴を探しています。	I'm looking for leather shoes.
（仕事用の）パンプスを探しています。	I'm looking for pumps (for work).
サンダル/ブーツを探しています。	I'm looking for sandals/boots.
ウォーキングシューズを買いたいです。	I'd like to buy a pair of walking shoes. ※a pair ofは「ひと組の」の意。
私の靴のサイズは24cmです。	My shoe size is 24 cm.
ヒールが高すぎ/低すぎます。	The heels are too high/low.
つま先のあたりがきついです。	It's too tight around my toes.
こちらは歩きやすいです。	They're easy to walk in.
インナーソールを入れていただけませんか。	Could you put in the inner sole?
ヒールの修理をお願いできますか。	Can you fix the heels?

服を買う

▶ Track 137

ポイント

1 自分のサイズは "I wear～" を使って表します。S（エス）、M（エム）、L（エル）、XL（エックスエル）と言わずに、small, medium, large, extra largeと言いましょう。

2 「これで別の色・素材・サイズはありますか」と聞きたいときは “Do you have this in + 色/素材/サイズ?” でたずねます。

Do you have this in white? 「これで白はありますか」
Do you have this in wool? 「これでウールはありますか」
Do you have this in a small size? 「これでSはありますか」

3 色・素材は形容する名詞の前にきます。個数は最初に言います。

I'm looking for a cotton shirt. 「綿のシャツを探しています」
I'd like to buy a black sweater. 「黒のセーターを買いたいです」
I want two T-shirts. 「Tシャツを2枚ほしいです」

4 「大きすぎる」「高すぎる」など、「〜すぎる」と言いたいときは、“It's too + 形容詞” で表現します。

探している服

Tシャツを探しています。	I'm looking for a T-shirt.
自分用にシャツを探しています。	I'm looking for a shirt for myself.
長袖のトップスを探しています。	I'm looking for a long-sleeved top.
セーターを探しています。	I'm looking for a sweater.
ジーンズ/パンツを探しています。	I'm looking for a pair of jeans/pants.
スカートを探しています。	I'm looking for a skirt.
ワンピースを購入したいです。	I'd like to buy a dress.

店員からの質問

こちらはどうでしょうか。	How about this one?
サイズはおいくつですか。	What size do you wear?
何色をお探しですか。	What color are you looking for?
ご自分用ですか。	Is it for yourself?
贈り物ですか。	Is it for someone else?
彼/彼女のサイズはおいくつですか。	What size is he/she?

サイズ

私はSサイズです。	I wear size small.
彼/彼女はMサイズです。	He/She wears a medium size.
私はたぶんMで大丈夫です。	I think medium will fit me.
Lは大きすぎます。	Large is too big.
これだと小さすぎます。	This will be too small.
Mを試してみます。	I'll try medium.
これの大きいサイズはありますか。	Do you have this in a larger size?
これの小さいサイズはありますか。	Do you have this in a smaller size?

色・デザイン

黒がいいです。	I want black.

もっと明るい色がいいです。	I want something brighter.
これはちょっと派手すぎます。	This is too flashy.
これは暗すぎます。	This is too dark.
色/デザインは気に入りました。	I like the color/design.
デザイン/色が気に入りません。	I don't like the design/color.
他に何色がありますか。	What colors do you have besides this?
他のデザインはありますか。	Do you have a different design?

サイズ・色の種類と在庫についての説明

サイズは5種類で、SS、S、M、L、XLです。	It comes in five sizes: extra small, small, medium, large, and extra large.
そちらはフリーサイズのみです。	It only comes in one size.
色は3色で、黒、茶、紺になります。	It comes in three colors: black, brown, and navy blue.
色はこちらのみになります。	These are the only colors that we have.
ただいまお持ちします。	I'll bring it/them to you.
申し訳ございません。出ているのみとなっております。	Sorry. This is all we have.
申し訳ありませんがすべて売り切れです。	I'm afraid it's all sold out.
あいにく在庫切れとなっております。	I'm afraid we ran out of stock.

素材について

この素材は何ですか。	What is this material?
綿とポリエステルです。	It's cotton and polyester.
オーガニックコットンです。	It's organic cotton.
肌触りがいいです。	It has a nice feel to it.
通気性のある素材です。	It's made of breathable material.
蒸れにくい素材です。	It's made of moisture-wicking material.
保温性に優れています。	It has excellent heat retention properties. / It keeps the heat.
軽いのに暖かいです。	It's light, but warm.
シワになりにくいです。	It's wrinkle resistant.
おうちで洗濯ができます。	It can be washed at home.
伸縮性があります。	It's stretchable.
長く着ていただけます。	It can be worn for a long time.

試着する

これを試着できますか。	Can I try this on?
これを試着したいのですが。	I'd like to try this on.
→ こちらへどうぞ。	This way please. / Please follow me.
フェイスカバーを使ってください。	Please use a face cover.

試着をしたら

いかがですか。	How are you doing?
→ もう少し待ってください。	I'll be out in a minute.
→ 大きすぎます。	It's too big.
→ 小さすぎます。	It's too small.
→ もう１着のほうを試していいですか。	Can I try on the other one?
→ 少し考えます。	I'll think about it.
→ すみません。ありがとうございました。（買わない場合）	Thank you anyway.
→ ちょうどいいです。	It's just right.
→ 気に入りました。	I like it.

商品の購入について

▶ Track 138

商品を買う

こちらをいただきます。	I'll take this. / I'll get this.
これを買います。	I'll buy this.
レジはどこですか。	Where do I pay? / Where is the cash register?
取り置きしていただけますか。	Could you hold it for me?
プレゼント用に包んでいただけますか。	Could you gift wrap it for me?
別々に包んでいただけますか。	Could you wrap them separately?

→ こちらはご自宅用ですか。それともギフトですか。	Is this for yourself, or a gift for someone else?
自宅用です。	It's for myself.
ギフトです。	It's a gift.
→ お手さげ袋は必要ですか。	Do you need a bag to carry it in?
→ レジ袋はご利用ですか。	Do you need a plastic bag?
→ 別途5円かかりますがよろしいでしょうか。	It'll cost an additional 5 yen. Is that okay?
はい、お願いします。	Yes, please.
いいえ、結構です。	No, thank you.
いいえ、いりません。自分の袋を持っています。	No, I don't need one. I have my own bag.

レジにて

→ お支払い方法はいかがなさいますか。	How would you like to pay?
現金でお願いします。	I'll pay (with) cash.
カードでお願いします。	I'll pay with a card.
Apple Pay/PayPayは使えますか。	Do you accept Apple Pay/PayPay?
→ はい、使えます。	Yes, we do.
→ あいにく使えません。	I'm afraid we don't.
それでしたら現金/カードで払います。	I'll pay with cash/a card then.

→ こちらにカードを入れてください。	Please insert your card here.
→ こちらにカードを乗せてください。	Please put your card here.
→ 暗証番号（個人認証番号）を入れてください。	Please enter your PIN. ※PINはPersonal Identification Numberの略。
→ エラーが出ました。	There is an error.
→ こちらにスマホをかざしてください。	Please place your phone here.
→ QRコードをスキャンしてください。	Please scan the QR code.
→ バーコードをご提示ください。	Please show us the barcode.
→ もう1度、画面をタップしてください。	Tap the screen again.
→ こちらにご署名をお願いします。	Please sign here.
→ ポイントはご利用になられますか。	Would you like to use your points?
貯まっているポイントを使います。	I'll use the points that I've saved up.
はい、使います。	Yes, I'll use them.
いいえ、貯めておきます。	No, I'll save them.

オンラインストア・アプリについて

→ オンラインストアもご確認ください。	Please also check our online store.

→ オンラインストアでも商品をご購入いただけます。	You can also purchase our products in our online store.
→ こちらのQRコードからご登録をお願いします。	Please register using this QR code.
→ 当店のアプリ/ポイントカードはお持ちですか。	Do you have an app/a point card for our store?
はい、持っています。	Yes, I do.
いいえ、持っていません。	No, I don't.
いいえ、結構です。	No, thank you.
→ またお越しください。	Please come again.
→ よい1日を。	Have a nice day.
ありがとう。あなたも。	Thank you. You, too.

商品の返品交換

▶ Track 139

返品を申し出る

これを返品したいのですが。	I'd like to return this.
払い戻しできますか。	Can I get a refund?
これを別の物と取り替えたいのですが。	I'd like to exchange this with something else.
昨日これを買いました。	I bought it yesterday.
これがレシートです。	This is the receipt.
レシートはなくしてしまいました。	I'm afraid I lost the receipt.
結局サイズが合わなかったので。	It didn't fit me after all.

店員の受け答え

レシートはお持ちですか。	Do you have a receipt?
申し訳ありませんがレシートがないと返金できません。	I'm afraid we can't give you a refund without a receipt.
あいにくそちらはセール商品なので返金できません。	I'm sorry, but the sale items are non-refundable.
こちらは/それらは返品できます。	You can return it/them.
返品の理由をお聞かせ願えますか。	May I ask why you are returning it/them?
別の物とお取り替えいたしましょうか。	Would you like to exchange it with something else?

買い物品のリスト

洋服

Tシャツ	a T-shirt
シャツ	a shirt
長袖のシャツ	a long-sleeved shirt
半袖のシャツ	a short-sleeved shirt
長袖のトップス	a long-sleeved top
半袖のトップス	a short-sleeved top
ニット	a knit-top
ジーンズ	jeans
パンツ	pants

ショートパンツ	shorts
スカート	a skirt
ジャケット	a jacket
スーツ	a suit
ワンピース	a dress
パーティー用のドレス	a party dress
Vネックのセーター	a V-neck sweater
丸首のセーター	a round-neck sweater
ロングコート	a long coat / a full coat
ハーフコート	a half coat
トレンチコート	a trench coat

靴

パンプス	pumps
シンプルなパンプス	simple pumps
サンダル	sandals
スニーカー	sneakers
ウォーキングシューズ	walking shoes
歩きやすい靴	comfortable shoes
ヒールの低い靴	low-heeled shoes
ハイヒール	high-heels
ブーツ	boots
ロングブーツ	long boots
ショートブーツ	short boots

バッグ

ハンドバッグ	a handbag
フォーマルなバッグ	a formal bag
革のバッグ	a leather bag
旅行用かばん	a travel bag
リュック	a backpack

装飾品

シルバーのアクセサリー	silver jewelry
ゴールドのアクセサリー	gold jewelry
ゴールドのチェーン	a gold chain
ピアス	pierced earrings
イヤリング	earrings
ネックレス	a necklace
ペンダント	a pendant
ブレスレット	a bracelet
指輪	a ring
腕時計	a watch

小物

手袋	gloves
スカーフ/マフラー	a scarf
帽子	a hat
ベルト	a belt
靴下	socks

化粧ポーチ	a make-up bag
ヘアピン	a hair pin
ヘアクリップ	a hair clip
シュシュ	scrunchy/scrunchie

化粧品

口紅	a lipstick
アイシャドウ	an eye-shadow
ファンデーション	foundation
マニキュア	nail polish
アイライナー	eyeliner
アイブロウペンシル	an eyebrow pencil
チーク	a blusher
香水	perfume
基礎化粧品	basic skin care goods
スキンクリーム	a skin cream
洗顔料	a face wash/a cleanser

色のリスト

白	white
黒	black
ベージュ	beige
グレー	gray
茶色	brown

ライトブラウン	light brown
紺	navy blue
青	blue
緑	green
黄色	yellow
赤	red
オレンジ	orange
ピンク	pink
むらさき	purple
シルバー	silver
ゴールド	gold

実践 05

食事をする・食べ物の描写

Going to restaurants and commenting on food

食事のあいさつ

▶ Track 140

いただきます。 (さぁ、食べましょう)	Let's begin.
食べましょう!	Let's eat!
おいしそう!	It looks good. / It looks delicious.
おなかすいた!	I'm hungry. / I'm starving.
すごい量!	What a big portion!
こんなにいっぱい食べられない!	I can't eat all this!
おなかいっぱいです。	I'm full.
ごちそうさまでした。	I'm done. / I'm finished.
おいしかったです。	That was delicious.

カフェに行く

▶ Track 141

ポイント

1 注文するとき、「〜をお願いします」は "I'd like + メニューの名前"、「私は〜にします」は "I'll have + メニューの名前" になります。

2 "For here or to go?" は「テイクアウトにするかどうか」という質問です。持ち帰る場合はテイクアウトとは言わずに "To go." と言いましょう。

For here.	「ここで食べます」
To go.	「持ち帰ります」

ドリンクと軽食の注文

→ 店内をご利用になりますか。お持ち帰りですか。	Is this for here or to go?
ここで食べます。	For here.
持ち帰ります。	To go.
テイクアウトをやっていますか。	Do you offer take-out service?
ペット(の犬)同伴でもいいですか。	Can I bring my pet (dog)?
カプチーノのスモールをお願いします。	I'd like a small cappuccino.
カフェラテのミディアムをお願いします。	I'd like a medium café latte.
アイスコーヒーのラージをお願いします。	I'd like a large iced coffee.
ミルクの代用品はありますか。	Do you have any substitutes for milk?
ミルクをオートミルク/アーモンドミルク/豆乳に変更することはできますか。	Can I change the milk to oat/almond/soy milk?
→ クリームと砂糖はお使いになりますか。	Would you like cream or sugar?

砂糖/クリームだけお願いします。	Just sugar/cream, please.
私はミントティーにします。	I'll have mint tea.
ケーキセットをお願いします。	I'd like the cake set, please.
シフォンケーキとホットコーヒーにします。	I'll have chiffon cake and coffee.
プレーンベーグルとカフェインレスコーヒーをください。	I'll have a plain bagel and one decaf.

サンドウィッチを注文する

ハムチーズサンドをお願いします。	I'd like to have the ham and cheese sandwich.
→ パンは何にしますか。	What kind of bread would you like?
ライ麦パンにします。	Rye bread, please.
全粒粉のパンにします。	Whole wheat, please.
普通の白パンでお願いします。	I'd like to have regular white bread.
→ こちらを温めますか。	Would you like us to heat this for you? / Would you like this warmed up? / Do you want this warmed up?
はい、お願いします。	Yes, please.
いいえ、結構です。	No, thank you.

番号札をお持ちください。	Please take a number card.
番号でお呼びします。	We'll call you by number.
番号札を持ってお席でお待ちください。	Please wait at your seat with your number card.
お食事はお席までお持ちします。	We'll bring your meal to your seat. / Your meal will be brought to your seat.
ドリンクはカウンターでお待ちください。	Please wait at the counter for your drink.
お水はそちらからご自由にどうぞ。	Help yourself to water over there.
48番の方、レジまでお越しください。	Number 48, please come to the cashier.
当店には無料Wi-Fiがあります。	We have free Wi-Fi.
パスワードはPassword1234です。	The password is Password1234.
こちらのテーブルを90分間ご利用いただけます。	You can have this table for 90 minutes.

ファストフード店に行く

▶ Track 142

ポイント

1 サイズを表すエス(S)、エム(M)、エル(L)に関しては、small, medium, largeと言いましょう。

2 個数は先に言いましょう。

I'll have two sandwiches. 「サンドウィッチを2つください」

→ お次の方、ご注文をどうぞ。	May/Can I help the next person?
ハンバーガーとポテトのSとコーラのMをください。	I'll have a hamburger, a small French fries and a medium coke.
チーズバーガーを2つとコーヒーを2つください。	I'll take 2 cheeseburgers and 2 cups of coffee.
チョコレートシェイクだけお願いします。	I'll just have a chocolate shake.
→ サイドオーダーはよろしいですか。	Would you care for any side orders?
→ 以上でよろしいですか。	Will that be all?
→ 他にはよろしいですか。	Anything else?
以上で結構です。	That'll be all.
→ 5ドル75セントになります。	That'll be 5 dollars and 75 cents.
→ お釣りをどうぞ。	Here's your change.
→ こちらがご注文の品になります。	Here's your order.
→ またお待ちしています。よい1日を。	Please come again. Have a nice day.
ありがとう。あなたも。	Thank you. You, too.

レストランで食事をする

ポイント

1 「私は～にします」の基本表現は、カフェで注文するときと同様、"I'll have + メニューの名前"です。(→p.413)

I'll have the chicken.　「私はチキンにします」

2 レストランで注文をするときにお店の人がたずねる基本的な質問は：

① 飲み物・食前酒はどうするか
② スープにするかサラダにするか
③ ドレッシングは何がいいか
④ ポテトの調理の仕方
⑤ ステーキの焼き加減
⑥ デザートはどうするか
⑦ 朝食で卵料理がある場合、卵の調理の仕方
⑧ サンドウィッチを頼んだ場合、パンの種類

3 典型的な夕食のメニューは、オードブル・前菜、スープ、サラダ、メインディッシュ、デザート、飲み物で構成されています。

4 メニューに"Served with～"と書いてあるときは、「～は料理についてくる・セットになっている」という意味です。

Served with potatoes and rolls.
「ポテトとロールパンはセットになっています」

5 多くのディナーメニューにはポテトが添えられますので、フライやベイクドポテトなど、どのように調理してほしいか言いましょう。

6 食事の途中で店員が、“How's everything?”「食事はいかがですか」と聞きに来ます。特に問題がなければ、“Fine, thank you.”と言いましょう。

席に着くまで

▶ Track 143

レストランの入り口で

Joe'sへようこそ!	Welcome to Joe's!
何名様ですか。	How many?
→ 2名です。	Two please.
→ 4名います。	There are four of us.

「満席です」と言われたら

→ 申し訳ありません。ただ今、満席ですがお待ちになりますか。	I'm sorry. The tables are full at the moment. Would you like to wait?
どれくらい待たなければなりませんか。	How long do we have to wait?
→ 30分ぐらいです。	About 30 minutes.
→ あまり長くないと思います。	It shouldn't be that long.
→ あいにくはっきりとはわかりかねます。	Sorry, I'm not sure.
→ かなりお待ちになるかもしれません。	You might have to wait a while.
→ 現在、3組のお客様が待っています。	There are three groups of customers currently waiting.

あとでまた来ます。	We'll come back later.
はい、待ちます。	We'll wait.
→ こちらにお名前を書いてください。	Please write your name here.

席に着く

→ テラスと店内のどちらがいいですか。	Would you like to sit on the terrace or inside?
→ お好きな席へどうぞ。	Take any seats you like.
→ カウンター席へどうぞ。	Please take a seat at a counter.
テラス席にします。	We'll have the terrace seats.
店内にします。	We'll sit inside.
窓際がいいです。	We'd like to sit by the window.
→ こちらへどうぞ。	This way, please.
→ こちらのお席になります。	Here are your seats.
→ こちらがメニューです。	This is your menu.
→ 担当の者がまいりますので少々お待ちください。	Someone will be here in a moment.

注文までのやりとり

▶ Track 144

メニューとドリンクの説明・食前酒の注文

→ みなさん、ご機嫌いかがですか。	How are you doing?
→ 私はこのテーブルを担当するサンディです。	I'm Sandy. I'll be your server.

→ メニューはQRコードをスキャンしてご覧ください。	Please scan the QR code to view the menu.
→ こちらから前菜を2種類お選びいただけます。	You can choose 2 appetizers from here.
→ パスタとピザからお選びいただけます。	You can choose between pasta and pizza.
→ メインは肉料理と魚料理からお選びいただけます。	For the main course, you can choose between a meat or fish dish.
→ デザートはセットになっています。	Dessert is included in the set.
→ オニオンスープはプラス100円になります。	Onion soup is an additional 100 yen.
→ お飲み物は何になさいますか。	What would you like to drink?
→ 食事の前に何かお飲みになりますか。	Would you care for a drink before the meal?
いいえ、結構です。	No, thank you.
食後にコーヒーをいただきます。	We'll have coffee after the meal.
ジンジャーエールをもらえますか。	Can I have a ginger ale?
ビールは何がありますか。	What kind of beer do you have?
→ バドワイザーとクアーズとハイネケンがあります。	We have Budweiser, Coors, and Heineken.

ノンアルコールビールはありますか。	Do you have non-alcoholic beer?
ハイネケンにします。	I'll have a Heineken.
ワインリストを見せていただけますか。	Could I see your wine list?
この白/赤ワインにします。（メニューを指しながら）	I'll have this white/red wine.
→ すぐにお飲み物をお持ちします。	I'll be right back with your drinks.
→ 本日のおすすめはサーロインステーキです。	Today's specialty is sirloin steak.
→ 注文がお決まりになりましたらお呼びください。	Please call me when you're ready to order.
→ お水は冷たいものと常温のものがありますが、どちらになさいますか。	Which water do you prefer, cold or room temperature?
→ お飲み物はいつお持ちしましょうか。	When would you like to have your beverage?
食前にお願いします。	Before the meal.
食事と一緒にお願いします。	With the meal.
食後にお願いします。	After the meal.

ご注文はお決まりですか

→ ご注文はお決まりですか。	Are you ready to order?
→ 何になさいますか。	What would you like to have?
もう少し待っていただけますか。	Could you wait a little longer?

メニューについてたずねる

おすすめは何ですか。	What do you recommend?
これはどんな料理ですか。 (メニューを指しながら)	What kind of food is this?
シェフサラダには何が入っていますか。	What's in the Chef's salad?
量は多いですか。	Is it a big portion?
ではそれにします。 (説明を受けたあと)	I'll have that.

注文をする

私はシーフードプレートにします。	I'll have the seafood plate.
私はまず小エビのカクテルと、それからサラダにします。	I'll start with the shrimp cocktail and a salad. ※ "start with～"は「～から始める」の意。
メインはサーロインステーキにします。	I'll have the sirloin steak for the main dish.
私はポークチョップにします。	I'd like to have the pork chops. ※ "I'd like to have～"は、「私は～をいただきたい」の意。
私はシェフサラダとミネストローネスープにします。	I'll have the Chef's salad and the minestrone soup.
同じものにします。	I'll have the same.
私は単品でパスタをいただきます。	I'll just have the pasta.

スープにするか・サラダにするか

→ スープになさいますか。サラダになさいますか。	Soup or salad?
スープにします。	I'll have the soup.
→ スープは何になさいますか。	What kind of soup would you like?
本日のスープは何ですか。	What's the soup of the day?
→ 本日のスープはチキンクリームスープです。	Today's soup is Chicken cream soup.
では野菜スープにします。	I guess I'll have the vegetable soup.
サラダにします。	I'll have the salad.
→ ドレッシングは何になさいますか。	What kind of dressing would you like?
→ ドレッシングはイタリアン、サウザンアイランド、フレンチがあります。	We have Italian, Thousand Island, and French.
イタリアンドレッシングにします。	I'll have Italian dressing.

ポテトの調理

→ ポテトはどのようにいたしますか。ベイクドポテト、マッシュポテト、フライドポテトがございます。	How would you like your potatoes? We have baked potatoes, mashed potatoes, and French fries.
フライドポテトをお願いします。	French fries, please.
ケチャップとマスタードをつけてください。	Please give me ketchup and mustard.

ケチャップとマスタードは結構です。	I don't need ketchup and mustard.
私はベイクドポテトにします。	I'll have the baked potato.
私はマッシュポテトにします。	I'll have the mashed potatoes.

ステーキの焼き加減

→ ステーキの焼き加減はどのようにいたしますか。	How would you like your steak done?
ウェルダンでお願いします。	Well-done, please.
ミディアムでお願いします。	Medium, please.
ミディアム・レアでお願いします。	Medium-rare, please.
レアでお願いします。	Rare, please.

デザート

→ デザートはいかがなさいますか。	Would you care for dessert?
デザートはアップルパイにします。	I'll have the apple pie for dessert.
デザートの注文はあとでします。	I'll order dessert later.
いいえ、(デザートは)結構です。	No, thank you.

朝食などで卵料理を注文する

→ 卵はどのようにいたしますか。	How would you like your eggs?
私は目玉焼きにします。	I'll have fried eggs. / I'll have fried eggs sunny-side up.

半熟の目玉焼きにします。	I'll have fried eggs over easy.
スクランブルエッグにします。	I'll have scrambled eggs.
ゆで卵にします。	I'll have a hard-boiled egg.
半熟のゆで卵をください。	I'll have a soft-boiled egg.
→ ご注文を確認いたします。	Let me confirm your order.
→ 以上でよろしいですか。	Will that be all?
はい、以上です。	Yes, that'll be all.

食事について・追加注文

▶ Track 145

→ 食事はいかがですか。	How is everything?
→ おいしく召し上がっていただいていますか。	How are you enjoying your meal?
全部おいしくいただいています。	Everything is fine/delicious, thank you.
→ 他に何かお持ちいたしましょうか。	Would you care for anything else?
いいえ、大丈夫です。	No, we're doing fine.
コーヒーのおかわりをいただけますか。	Could we have more coffee?
パンのおかわりをいただけますか。	Could we have more bread?
バターをもっといただけますか。	Could you bring us more butter?
お水をもっといただけますか。	Could we have more water?
ナプキンをもっといただけますか。	Could we have more napkins?

おしぼりをお願いできますか。	Could I have a wet towel/tissue?
→ はい、すぐお持ちいたします。	Of course. I'll bring them right away.
→ こちらのお皿を下げてもよろしいでしょうか。	May I take your plate?
→ デザートをお持ちしましょうか。	Are you ready for dessert?
→ デザートメニューをご覧になりますか。	Would you like to look at the dessert menu?
はい、お願いします。	Yes, please.

レストランで使うその他のフレーズ

▶ Track 146

メニューをもう1度見せてもらえますか。	Can we see the menu again?
注文したものがまだ来ていません。	Our order hasn't come yet.
これは注文していません。	I didn't order this.
これを持ち帰りたいのですが。	Can we take this home?
持ち帰り用の容器をもらえますか。	Can we have a takeout container?

会計を済ませる

▶ Track 147

※ 会計についてのやりとりのフレーズは「買い物をする」の章（p.405）を参照。

お会計をお願いします。	Can we have the bill/check?
支払いはどこでするのですか。	Where do we pay?
カード/Apple Payは使えますか。	Do you accept credit cards/ Apple Pay?
すばらしい食事でした。また来ます。	We enjoyed the meal. We'll come again.

食べ物の味について

▶ Track 148

基本パターン

It's good.	おいしいです。
It's hot.	からいです。
The meat is tender.	お肉がやわらかいです。
The fish is fresh.	お魚が新鮮です。

ポイント

1 食べ物全体の味を表現するときは、"It's＋形容詞"を使います。「おいしい」は、goodやdeliciousを使って表現することができます。肉、魚、デザートなど、特定の料理・素材についてコメントするときは、Itを、The meat, The fish, The dessertなどに置き換えます。

2 「～だった」と言うときは、is を was に、動詞の現在形を過去形に変えて言いましょう。

It is wonderful. → It was wonderful.
「すばらしい料理でした」

It has a nice aroma. → It had a nice aroma.
「香りがよかったです」

3 「～すぎる」と言いたいときは、too を加えて言います。

It is too sweet. 「甘すぎます」

おいしいです

おいしいです。	It's good.
とてもおいしいです。	It's really delicious.
素晴らしいです。	It's wonderful. / It's excellent.
完璧なお味です。	The taste is perfect.
お肉がやわらかいです。	The meat is tender.
お魚が新鮮です。	The fish is fresh.

さっぱり・甘い・からいなど

さっぱりしています。	It's light.
しつこくありません。	It's not heavy.
こってりしています。	It's rich.
しょっぱいです。	It's salty.
からいです。	It's hot.
ぴりっとしています。	It's spicy.

甘みがあります。	It has a sweet flavor.
口の中でとろけます。	It melts in your mouth.
香りがいいです。	It has a nice aroma.
材料が新鮮です。	The ingredients are fresh.
旬の食べ物は一番おいしいです。	Foods in season are most delicious.
素材の風味を生かしています。	The natural flavor of the ingredients is there.

栄養があります・身体にいいです

栄養があります。	It's nutritious.
ヘルシーです。	It's healthy.
胃にやさしいです。	It's easy on your stomach.
ローカロリーです。	It's low calorie.

あまりおいしくありません

おいしくありません。	It's not good.
まずいです。	It tastes bad.
しょっぱすぎます。	It's too salty.
脂っこいです。	It's oily.
こってりしすぎています。	It's too rich.
苦いです。	It's bitter.
味/風味がありません。	It has no taste/flavor.
肉がかたいです。	The meat is hard.

材料が新鮮ではありません。	The ingredients aren't fresh.
材料を煮込みすぎています。	The ingredients are overcooked.
胃にもたれます。	It's heavy on your stomach.
カロリーが高いです。	It's high calorie.
麺がやわらかすぎます。	The noodles are too soft.
麺がかたすぎます。	The noodles are too hard.

メニューリスト

Dinner Menu

Hors D'oeuvres （オードブル）

Cheese and crackers （チーズとクラッカー）
Shrimp cocktail （小エビのカクテル）
Stuffed mushrooms （マッシュルーム詰め）
Scallops with mushrooms and bacon
（帆立貝とマッシュルームとベーコンの炒めもの）

Soup （スープ）

Soup du jour （本日のスープ）
Cream of chicken soup （チキンクリームスープ）
Vegetable soup （野菜スープ）
Clam chowder （クラムチャウダー）
Minestrone （ミネストローネ）

Salad （サラダ）

Chef's salad （シェフサラダ）

House salad （ハウスサラダ）

Caesar salad （シーザーサラダ）

Seafood salad （シーフードサラダ）

Main Courses （メインディッシュ）

Served with rolls and potatoes, baked, mashed, or fries

（ロールパンとポテト：ベイクドポテト、マッシュポテト、フライがセットになっています）

Roast beef （ローストビーフ）

Sirloin steak （サーロインステーキ）

Spareribs （スペアリブ）

Prime ribs （プライムリブ）

Chicken teriyaki （チキンテリヤキ）

Pork chops （ポークチョップ）

Veal cutlet （子牛のカツレツ）

Filet of fish （魚フィレ料理）

Seafood plate （シーフードプレート）

Desserts （デザート）

Ice cream (chocolate, vanilla, strawberry)

（アイスクリーム：チョコレート、バニラ、ストロベリー）

Apple pie a la mode （アップルパイ・ア・ラ・モード）

Jello with whipped cream （ゼリーの生クリーム添え）

Blueberry cheese cake （ブルーベリーチーズケーキ）

Drinks（飲み物）

Coffee（コーヒー）
Decaffeinated coffee（カフェインレス・コーヒー）
Tea（紅茶）
Coke（コーラ）
Sprite（スプライト）
Milk（ミルク）
Cappuccino（カプチーノ）
Fruit punch（フルーツジュース）
Hot chocolate（ホットチョコレート）
Café Latte（カフェラテ）
Iced coffee（アイスコーヒー）
Non-alcoholic beer（ノンアルコールビール）
Herbal tea（ハーブティー）
Rose Hip tea（ローズヒップティー）
Chamomile tea（カモミールティー）
Mint tea（ミントティー）
Blended tea（ブレンドティー）

実践
06

電話の会話

Telephone conversation

通話方法・マナーモード・電話の接続など

▶ Track 149

私は家族と無料通話で話しています。	I talk to my family on a free call.
私はビデオ通話を利用しています。	I use video calling.
今から友達に電話します。	I'm calling a friend now.
明日、彼/彼女に電話します。	I'll call him/her tomorrow.
知らない番号/人から電話が来ました。	I got a phone call from an unknown number/caller.
電話に出られませんでした。	I missed a call.
マナーモードにしていたので電話に気がつきませんでした。	I had the phone on silent mode, so I didn't notice the call.
着信音が聞こえなかったので電話に出られませんでした。	I couldn't hear the phone ring, so I couldn't answer.
電話が切れました。	I got cut off.
彼/彼女に電話を切られました。	He/She hung up.
電話がつながりません。	The call won't go through. / I can't get through.
セールスの電話が多いので、私は電話に出ません。	I get a lot of salespeople calling me, so I don't answer the phone.

詐欺電話に気をつける必要があります。	We need to be careful of phone scammers.

電話のやりとり

▶ Track 150

電話の依頼

電話してください。	Please call me.
明日、お電話を差し上げてもよろしいでしょうか。（メールなどで）	May I call you tomorrow?

携帯電話に電話をかける

今、どこですか。	Where are you now?
→ 今、家にいます。	I'm at home now.
→ 今、出先です。	I'm out right now.
→ 今、電車の中です。	I'm on the train now.
今、話して大丈夫ですか。	Can you talk now?
→ はい、話せます。	Yes, I can talk.
→ 今、話せないので、少ししたらかけ直します。	I can't talk right now, so I'll call back in a few minutes.

カスタマーサービスへの電話

→ これはフリーダイヤルです。	This is a toll-free number.
お客様サービスセンターにつないでください。	Please connect me to the customer service center.
商品についておうかがいしたくてお電話しています。	I'm calling to ask you about your products.

御社のサービスについて教えていただけるとありがたいです。	I'd appreciate it if you could tell me about your company's services.

固定電話に電話をかける

ポイント

1 「〜さんをお願いします」の基本表現は "May I speak to＋相手の名前" です。

2 電話を受けて相手が名乗らなかった場合、名前を確認したいときは "May I ask who's calling?" とたずねましょう。

もしもし。恵美です。	Hello. This is Emi.
田中恵美と申します。	This is Emi Tanaka. / This is Emi Tanaka calling.
夜分にお電話してすみません。	Sorry to call you late.
夕食のお時間に電話をしてすみません。	Sorry to call you at dinner time.
真理さんをお願いできますか。	May I speak to Mari, please?
お母様はいらっしゃいますか。	Is your mother there?

電話を受ける

はい、私です。	Speaking.
どちら様ですか。（相手が名前を言わなかった場合）	May I ask who's calling?
もう1度お名前をお聞かせ願えますか。	May I have your name again?

少々お待ちください。	Hold on a moment, please.

本人が電話に出られないとき

彼は今、外出しています。	He's out right now.
彼は今、お風呂に入っています。	He's in the bath now.

対応可能な時間

彼女は何時ごろお戻りになりますか。	What time will she be back?
→ 彼女はすぐ戻ると思います。	She should be back soon.
→ 彼女は8時過ぎに戻ると思います。	She'll probably be back after 8:00.
→ 彼女はあと30分ぐらいで電話に出られます。	She'll be able to answer the phone in about 30 minutes.

かけ直す・電話をしてくれるように頼む・簡単な伝言

そのころにまたお電話します。	I'll call back around that time.
彼に電話をくださいとお伝えいただけますか。	Could you please tell him to call me back?
念のため、私の自宅の番号は03-4455-××××です。	Just in case, my home phone number is 03-4455-xxxx.
ありがとうございます。失礼します。	Thank you very much. Good-bye.

→ ただいま電話に出ることができません。	I can't come to the phone right now.
→ 発信音のあとにお名前とメッセージをお願いします。	Please leave your name and message after the beep.
→ この通話は録音されています。	This call is being recorded.
美奈子です。あとでまたかけます。	This is Minako. I'll call again.
仕事の件で電話しました。	I'm calling about work.
戻られたら電話をください。	Please call me after you get back.

ビジネス電話

▶ Track 151

ポイント

1 ビジネス電話では、会社名のあとに「ご用件を承ります」の意味で“May I help you?”“What can I do for you?”と続けます。

2 日本では「田中は外出しています」のように、同じ会社の社員を敬称をつけずに名字で表現しますが、英語ではそのような習慣はありません。He/Sheを使うか、Mr./Ms. Tanakaのように言いましょう。

3 「〜までには戻ると思います・戻るはずです」の言い方は“He/She should be back by＋時間”です。

He should be back by 3:00.「彼は3時には戻るはずです」

4 「～の件でお電話しています」と言うときは“I'm calling about～”を使います。

I'm calling about the meeting.
「打ち合わせの件でお電話しています」

また、It'sを使って“It's about the meeting.”「打ち合わせの件です」と言うこともできます。

電話をかける

ワールドコーポレーションの山下健と申します。	This is Ken Yamashita from World Corporation.
鈴木さんをお願いできますか。	May I speak to Mr. Suzuki, please?
営業部の田中さんをお願いします。	I'd like to speak to Mr. Tanaka in the sales department.
広告担当の方とお話ししたいのですが。	I'd like to speak to someone who's in charge of advertising.
責任者とお話ししたいのですが。	I'd like to speak to your manager.
広報部につないでください。	Please put me through to the public-relations department.

電話を受ける

はい。ABCでございます。ご用件を承ります。	Hello. This is ABC. May I help you?
ご用件をおうかがいします。	What can I do for you?
どちらの部署におかけですか。	Which section are you calling?

お名前をうかがってもよろしいですか。	May I have your name, pleasc?
お名前をもう1度お願いいたします。	Would you give me your name again?
お名前のつづりをお願いします。	Could you spell your name please?
御社の名前をもう1度お願いいたします。	Could you give me your company name again?
もう少しゆっくり話していただけますか。	Could you speak a little more slowly?
もう少し大きな声で話していただけますか。	Could you speak a little louder, please?

電話を取り次ぐ

少々お待ちください。	Please hold a minute.
ただいまおつなぎいたします。	I'll connect you. / I'll put you through.
鈴木に代わります。	I'll put you through to Mr. Suzuki.
お待たせいたしました。	Thank you for holding.

本人が電話に出られない

申し訳ありません。今、彼は席をはずしています。	I'm afraid he is not here at the moment.
彼はただ今、外出しています。	He's out at the moment.
彼は別の電話に出ています。	He's on another line.

彼は本日はお休みをいただいています。	He's off today.
彼は会議中です。	He's in a meeting now.
彼は接客中です。	He's with a customer right now.
彼は出張中です。	He's on a business trip.

戻りの時間・曜日

彼女の戻りは昼ごろになると思います。	She'll be back around noon.
彼女は2、3時間で戻るはずです。	She should be back in a couple of hours.
申し訳ありません。彼女が何時に戻るかわかりません。	I'm afraid I don't know when she'll be back.
彼女は本日、戻りません。	She's out for the day.
彼女は今週いっぱい戻りません。	She won't be back this week.
彼女は来週の月曜日から出社します。	She'll be back on Monday.

折り返しの電話・かけ直してもらう

(彼/彼女に)折り返させましょうか。	Shall I have him/her call you back?
→ お待ちしています。よろしくお願いいたします。	I'll be waiting. Thank you.
彼女/彼はあなたのお電話番号を知っていますか。	Does she/he know your number?

ご連絡先を教えていただけますか。	Could you provide us with your contact information?
→ 事務所に(電話をいただければ)つながります。	He/She can reach me at the office.
→ 携帯に(電話をいただければ)つながります。	He/She can reach me on my cell phone.
お電話はいつごろおかけすればよろしいですか。	When is the best time to call you?
→ 金曜日の午後5時以降でしたら電話に出られます。	I'm available on Fridays after 5:00 p.m. (to take your calls).
→ 月曜の午前中でしたらおります。	I'm available on Monday mornings.
お手数ですが数分後にかけ直していただけますか。	I'm sorry, but would you please call back in a few minutes?
午後またお電話ください。	Please call back in the afternoon.

かけ直す

2時過ぎにまたかけます。	I'll call again after 2:00.
午後またかけます。	I'll call again in the afternoon.
出先からなので、こちらからまた電話します。	I'm calling from outside, so I'll call back.
これから外出するので、こちらからまた電話します。	I have to go out now, so I'll call again.

用件・伝言をたずねる

どのようなご用件でしょうか。	May I ask what it's about?
何かご伝言はありますか。	Would you like to leave a message?
→ 結構です。かけ直します。	That's okay. I'll call back.
→ 彼女/彼と直接話をしたいので、またかけます。	I'd like to talk to her/him directly, so I'll call again.

伝言を頼む

伝言をお願いします。	I'd like to leave a message.
彼/彼女に電話があったことをお伝えください。	Please tell him/her that I called.
彼/彼女に携帯に電話してほしいとお伝えください。	Please tell him/her to call my cell phone.
大至急連絡がほしいと彼女にお伝えください。	Please tell her to call me as soon as possible.
急ぎです。	It's urgent.
急ぎではありません。	It's not urgent.
お会いしたいと彼にお伝えください。	Please tell him that I want to see him.
プロジェクト/打ち合わせの件です。	It's about the project/meeting.
打ち合わせに遅れます。	I'll be late for the meeting.

伝言を受けてから

ご伝言を承りました。	I got your message.
お名前とお電話番号を確認させてください。	Let me confirm your name and phone number.
お電話があったことを彼に伝えます。	I'll tell him that you called.
すぐに彼女に電話させます。	I'll have her call you as soon as possible.

電話を切るまで

ご質問がありましたら、またお電話ください。	If there are any questions, please call again.
いつでも遠慮なくお電話ください。	Please don't hesitate to contact us anytime.
お電話ありがとうございました。 失礼いたします。	Thank you for calling. Good-bye.

間違い電話の対応

▶ Track **152**

ポイント

1 「番号が違うと思います」の基本表現は "I think you have/got the wrong number." です。

2 番号を間違えたときは、"Excuse me." "I'm sorry." と言ってあやまりましょう。

間違い電話に対応する

番号が違うと思います。	I think you got the wrong number.
そのような名前の者はこちらにいません。	There is no one here by that name.

違う番号にかけてしまったら

すみません。番号を間違えました。	Sorry, I dialed the wrong number.
そちらは25-44××ですか。	Is this 25-44xx?
そちらは英会話学校ですか。	Is this an English school?
→ いいえ、違います。	No, it isn't.
失礼しました。すみません。	Excuse me. I'm sorry.
→ いいえ、気にしないでください。	That's okay. / That's all right.

音声ダウンロードについて

本書の英語フレーズを収録した音声がダウンロードできます。

①パソコンで「ベレ出版」ホームページ内、『[決定版] 日常英会話パーフェクトブック』の詳細ページへ。「音声ダウンロード」ボタンをクリック。

②8ケタのコードを入力してダウンロード。

ダウンロードコード qtTEepWe

《注意》スマートフォン、タブレットからのダウンロード方法については、小社では対応しておりません。

＊ダウンロードされた音声はMP3形式となります。zipファイルで圧縮された状態となっておりますので、解凍してからお使いください。

＊zipファイルの解凍方法、MP3携帯プレイヤーへのファイル転送方法、パソコン、ソフトなどの操作方法については、メーカー等にお問い合わせくださるか、取扱説明書をご参照ください。小社での対応はできかねますこと、ご理解ください。

＊以上のサービスは予告なく終了する場合がございます。

☞音声の権利・利用については、小社ホームページ内［よくある質問］にてご確認ください。

著者紹介

石津 奈々（いしず・なな）

鎌倉市生まれ。高校3年間ハワイに留学。上智大学比較文化学部（現：国際教養学部）日本語・日本文化学科卒業。鎌倉で 55 年の歴史を持つ石津イングリッシュスクール主宰。外国語学習・指導法に興味を持ち、語学書を執筆。主な著書に、『CD BOOK 自分のことを英語で話すパーソナルワークブック』『CD BOOK 60日完成 入門英会話＆英文法まるごとドリル』『音声 DL 付き 毎日輝くポジティブ英語』（ベレ出版）、『ポジティブ英語 書き写し＆音読ノート 前向きになれる 80 のメッセージとアファメーション』（IBC パブリッシング）等がある。趣味はヨガ・瞑想・オペラ鑑賞。

ホームページアドレス：https://ishizuenglish.com/

ダウンロード音声　ナレーション：藤村 由紀子／ Rachel Walzer（アメリカ英語）

［パターン 1 ／日本語＋英語］　約 7 時間 17 分
［パターン 2 ／英語のみ］　約 3 時間 46 分
［パターン 3 ／英語＋繰り返しポーズ］　約 6 時間 05 分

◉── DTP　清水 康広
◉── 校正　余田 志保
◉── 装丁・レイアウト　都井 美穂子

［音声DL付］［決定版］日常英会話パーフェクトブック

2023 年 5 月 25 日　初版発行
2024 年 2 月 20 日　第 2 刷発行

著者　石津 奈々
発行者　内田 真介
発行・発売　ベレ出版
〒162-0832　東京都新宿区岩戸町12 レベッカビル
TEL.03-5225-4790　FAX.03-5225-4795
ホームページ　https://www.beret.co.jp/

印刷　モリモト印刷株式会社
製本　株式会社宮田製本所

ISBN 978-4-86064-725-4　C2082　　編集担当　新谷友佳子

[音声 DL 付]
毎日輝くポジティブ英語

石津奈々 著

A5 並製／定価 1540 円（税込）■ 240 頁

ISBN978-4-86064-624-0 C2082

自分や他人をいたわる言葉、勇気が出る言葉、ホッと一息つける言葉、明日も頑張ろうと思わせてくれる言葉…バリエーション豊かな「ポジティブ英語」フレーズで、英語に親しむと同時に、前向きな気持ちになれる 1 冊。1 日 1 フレーズ、手帳や日記に書くもよし、音読するもよし。一日の始まりに、一日の終わりに。あなたの気持ちを表す表現を見つけてください。音声付きなので、音での学習も可能です。使い方はいろいろ。ポジティブな表現力と思考が身につく画期的な語学書です。

MP3 CD付き 一生モノの英文法 COMPLETE

澤井康佑 著

A5 並製／定価 2420 円（税込） ■ 408 頁

ISBN978-4-86064-439-0 C2082

講談社現代新書刊の『一生モノの英文法』の内容に大幅な加筆修正を施し、基本的な文法項目をすべて網羅したのが本書。さらに、学習者が最後まで通読できるよう、ナビゲーションCD（先生が学習に伴走してくれているような講義形式の音声）が付いています。どんな英文に遭遇しても、文構造を即座に的確に見抜ける英文法の基礎力を身につけることができる正攻法の文法書。英作文や英文読解をする上で「理論の不足」を感じている学習者のための<究極の入門書>です。

MP3 CD付き 基礎がため 一生モノの英文法 BASIC

澤井康佑 著

A5 並製／定価 1980 円（税込） ■ 248 頁

ISBN978-4-86064-464-2 C2082

数多ある初級文法書ですが、説明が少なすぎるとわかったようでわからない…、説明が多くなると頭がこんがらかって途中で挫折してしまう…というような経験をもつ初級英語学習者に、今度こそ最適な文法書。アルファベットからスタートして、文法の初歩の部分を丁寧にわかりやすく、でも文構造の理解からは逃げずにきちんと説明していきますから、読み進めるうちに文法力の土台を着実に築くことができます。今回も学習を徹底的にサポート・伴走してくれるナビ音声付き。